U0553452

社会保险经办实务及风险点解析

◎呼江华 著

齐鲁书社
·济南·

图书在版编目（ＣＩＰ）数据

社会保险经办实务及风险点解析 / 呼江华著.

济南：齐鲁书社, 2024.12. -- ISBN 978-7-5333-5061-
1

Ⅰ. F842.61

中国国家版本馆CIP数据核字第2024S8S850号

责任编辑　赵自环　井普椿　孙良伟
装帧设计　刘羽珂

社会保险经办实务及风险点解析

SHEHUI BAOXIAN JINGBAN SHIWU JI FENGXIANDIAN JIEXI

呼江华　著

主管单位	山东出版传媒股份有限公司
出版发行	齐鲁书社
社　　址	济南市市中区舜耕路517号
邮　　编	250003
网　　址	www.qlss.com.cn
电子邮箱	qilupress@126.com
营销中心	（0531）82098521　82098519　82098517
印　　刷	日照市精美印务有限公司
开　　本	880mm×1230mm　1/32
印　　张	11.5
插　　页	3
字　　数	220千
版　　次	2024年11月第1版
印　　次	2024年11月第1次印刷
标准书号	ISBN 978-7-5333-5061-1
定　　价	68.00元

前　言

　　社会保险是社会民生的稳定器，更是民生安全的保障网和社会发展的压舱石，在整个社会保障体系中始终占据核心地位，对于保持劳动力市场的稳定、维护社会秩序和促进社会的持续发展发挥着重要意义和作用。

　　社会保险基金安全事关老百姓的养老钱、救命钱。管理好用好基金是社会保险经办机构义不容辞的责任。党的二十大报告提出要"健全社保基金保值增值和安全监管体系"。本书结合山东省实际和长期社会保险经办实践，对社会保险办理中的养老、工伤、失业等六大方面的 103 项业务进行系统梳理和提炼，对业务经办过程中容易发生系统性风险的环节进行过程性剖析，对加强社会保险经办队伍建设过程中建立内部控制制度的必要性及重点环节进行了整理，形成《社会保险经办实务及风险点解析》一书。本书内容按照业务概述、文件依据、办事要件、风险点解析及特别注意事项等条目进行精度提炼和深度解析，既对社保政策进行了有效解读，又对经办服务进行了有力规范。特别是在规范社会保险业务办理上，着重强调了"经办风险点"这一必要设置和比重，对可能产生的风险进行了列举，并从政理、法理和要件规范等角度进行深度解析，给出防范和解决风险的思考和路径，这对于更好地防范社会保险经办和资金安全风险将起到积极的警示和预防作用。

"天下难事，必作于易；天下大事，必作于细。"作为社会保障事业，更是如此。首先只有立纲立范，才能体现社会保险作用的重要；其次是着眼细微、防微杜渐，才能夯实社会保险发展的根基。《社会保险经办实务及风险点解析》的出版，既是对社保业务经办规范的重要集成，也是对社保事业发展的重大促进。

作为一名多年从事人力资源和社会保障工作的人社干部，笔者认真总结近年来社会保险政策的衍化要旨和社会保险服务"网上办、掌上办、就近办、一次办、一卡办"的创新实践，发挥熟悉社会保险政策的优势和基层工作的特长，系统研究社会保险法律、法规及国家人力资源社会保障部、山东省人力资源和社会保障厅制定、印发的社会保险文件，亲自动手，整理、撰写了《社会保险业务经办实务及风险点解析》一书，对于社会保险经办业务规范化、标准化、科学化办理和提高机关、企事业单位人力资源从业人员业务素质，具有一定的借鉴意义和指导意义。当然，受篇幅所限，本书也存在着明显的短板和不足，比如只列明了业务经办的文件依据而没有列明文件详细内容，也没有对现行文件依据的历史沿革进行阐述等。

书稿在编撰过程中，得到了高密市公共就业与人才服务中心党总支书记、主任张尧彬同志，高密市社会保险事业中心孙术昌同志、钟明娟同志的大力支持，山东人民出版社朱冠州老师对书稿提供了非常中肯的建议并推荐在齐鲁书社出版，在此一并表示感谢。

目　录

第二章　企业职工基本养老保险

第三章　机关事业单位职工养老保险

第四章　城乡居民基本养老保险

第五章　工伤保险

第六章 失业保险及就业创业业务

| 第七章 | 社会保险内部控制机制建设及违规领取社会保险处理 |

第一章 社会保险综合业务

第一节 职工社会保险费基数申报调整

一、业务概述

各类用人单位及其职工有依法参加社会保险的权利与义务。参保单位社会保险缴费基数调整是指根据《社会保险费征缴暂行条例》的规定，参保单位及其职工于缴费年度开始之月起，按社会保险法的规定，申报调整当年度单位及职工缴纳社会保险费缴费基数业务。

机关、企事业单位职工，均以上年度职工个人月平均应得收入为缴费基数。其中，职工上年度月平均收入低于上年度全省全口径城镇单位就业人员平均工资（以下简称"省全口径平均工资"）60% 的，按上年度省全口径平均工资的 60% 为基数；职工上年度月平均收入高于上年度省全口径平均工资 300% 的，按上年度省全口径平均工资的 300% 核定缴费基数。关于工资收入计算口径，以省级统计部门发布的职工工资构成统计口径为准。

社会保险法规定个体工商户、灵活就业人员可自愿参加企业职工养老保险。缴费基数方面，可在上年度各省发布的全口径平均工资的 60%~300% 之间，自由选择缴费基数。

二、文件依据

1.《中华人民共和国社会保险法》（中华人民共和国主席令第 35 号）。

2.《社会保险费征缴暂行条例》（中华人民共和国国务院令第 259 号）。

三、办理要件

参保单位应根据社会保险征收机构的规定，在规定时间内，网上申报职工缴费基数并提缴年度汇总表和明细表（明细表需单位职工签字、汇总表需相关人员签字并盖章）、诚信申报承诺书。

四、经办风险点解析

社会保险征收机构应对以下内容进行审核并将用人单位纳入社会信用登记：

1. 审查用人单位提供的材料是否完整、真实。

2. 审查明细表是否有单位职工签字、汇总表是否有相关人员签字并盖章、诚信申报承诺书是否有签字盖章。

3. 社会保险费征收机构、社会保险经办机构应建立社会保险稽核制度，发现用人单位申报缴费基数与职工上年度本人实际收入不一致的，应及时发出稽核意见书，督促用人单位进行整改，并依法征收社会保险费差额部分。

第二节　参保单位社会保险登记立户

一、业务概述

"参保单位社会保险登记立户"，是指根据《社会保险费征缴暂行条例》，应当参加社会保险的单位按照《社会保险费征缴暂行条例》规定的程序进行登记、立户。山东省自 2016 年 10 月 1 日起，实现证照登记"五证合一"，企业登记信息实现共享，新开办的企业，自领取"五证合一"营业执照之日起，同步进行社会保险登记。

二、文件依据

1.《中华人民共和国社会保险法》（中华人民共和国主席令第 35 号）。

2.《社会保险费征缴暂行条例》（中华人民共和国国务院令第 259 号）。

3.《社会保险经办条例》（中华人民共和国国务院令第 765 号）。

三、办理要件

营业执照登记、法人代表身份证相关信息（社会保险经办机构、税务机关、行政审批登记机构实现信息数据共享的地区，可全程网上办理）。

四、经办风险点解析

1. 社会保险经办机构应注意认真审核行政审批机构（企业登记机关）提供的参保单位登记信息是否完整，确保录入信息准确完整。

2. 机关事业单位及其职工应参加机关事业单位职工养老保险，单位如需办理立户、信息修改等业务，应提供编制管理机关批复成立的文件。

第三节　参保单位社会保险信息变更

一、业务概述

"参保单位社会保险登记变更"，是指根据《中华人民共和国社会保险法》第五十七条的规定，用人单位的社会保险登记事项发生变更或者用人单位依法终止的，应当自变更或者终止之日起 30 日内，到社会保险经办机构办理"变更"或者"注销"社会保险登记的业务。

二、文件依据

《中华人民共和国社会保险法》（中华人民共和国主席令第 35 号）。

三、办理要件

1. 营业执照副本及复印件（加盖单位公章）。
2. 单位介绍信（信息修改说明）。

四、经办风险点解析

1. 社会保险经办机构应确认变更信息是否正确。

2.单位注销须提供有关部门出具的注销证明材料；单位在职职工全部解除劳动合同的，应由参保地社会保险行政主管部门办理相关手续。

3.单位注销时，社会保险征收机构应对欠缴的社会保险费进行清算。

4.机关事业单位如办理"参保立户""信息修改"业务，应有组织、编制部门的批复材料。

第四节　参保单位增/减员业务

一、业务概述

"参保单位增/减员"，是指参保单位根据《中华人民共和国社会保险法》的规定，为新入职（调入）职工办理参保增员手续，或为解除劳动合同等各种原因离职（含退休）的职工办理参保减员手续业务。分为机关事业单位职工养老保险增/减员和企业职业职工养老保险单位增/减员。包括以下情况：

增加：①调入人员；②转业军人和复员退伍军人；③全日制大学毕业生；④就业人员；⑤其他原因增加的工作人员。

减少：①调出人员；②正常退休、退职人员；③辞职、辞退人员；④其他原因减少的工作人员。

二、文件依据

1.《中华人民共和国社会保险法》（中华人民共和国主席令第 35 号）。

2.《中华人民共和国劳动法》（中华人民共和国主席令第 24 号）。

3.《中华人民共和国劳动合同法》（中华人民共和国主席令第 73 号）。

三、办理要件

（一）办理机关事业单位职工养老保险增员业务一般应收取以下要件（实现相关数据共享的，可通过网上办理）

1.《行政事业单位在职职工工资标准审核表》。

2.《工资核定通知单》（加人专用）。

3.《工资档案明细表》。

（二）办理机关事业单位职工养老保险减员业务一般应收取以下要件（实现相关数据共享的，可通过网上办理）

1. 正常退休、退职人员自批准之日的下月起终止社会保险费的缴纳。单位应提供《干部退休审批表》和编制部门出具的《机关事业单位减人通知单》（以下简称《减人通知单》）原件。

2. 参保人员停保必须由单位提交合法有效的处理文件后方可办理：

（1）解除、终止劳动关系的职工，单位应提供解除、终止劳动关系的有效文件、《减人通知单》原件。

（2）被判刑、劳教人员的停保，用人单位应提供法院的终审判决书或劳动教养通知书、《减人通知单》原件。

（3）离职上学人员中止缴纳社会保险费的，用人单位应提供职工的《入学通知书》《减人通知单》原件。

（4）出国留学人员中止缴纳社会保险费的，用人单位应提交职工与用人单位签订的出国留学协议（合同）书、《减人通知单》原件等。

（5）在职工作人员死亡后终止缴纳社会保险费的，用人单位应提交医院出具的死亡证明、殡仪馆的火化证明（原件）或人民法院宣告死亡的法律文书及《减人通知单》原件。

（三）企业职工养老保险增员业务收取要件（实

现相关数据共享的，可通过网上办理）

1. 用人单位办理参保增员时填写《职工社会保险关系变动明细表》。

2. 单位与员工签订的《劳动合同》。

（四）企业单位减员业务收取要件（实现相关数据共享的，可通过网上办理）

1. 正常退休、退职人员，自批准之日的下月起终止社会保险费的缴纳。用人单位或档案管理单位应提供《退休（职）审批表》，填写《退休（职）人员缴费基本情况核定确认表》，并由单位盖章。2025 年 1月 1 日之后，根据人力资源社会保障部、财政部印发的《企业职工基本养老保险病残津贴暂行办法》的规定领取病残津贴的，按新规定执行（下同）。

2. 参保人员减员必须由单位提交合法有效的处理文件后方可办理：

（1）解除、终止劳动关系的职工，单位应提供《解除、终止劳动关系的决定》原件，填写《职工社会保险关系变动明细表》。

（2）在职工作人员死亡后终止缴纳社会保险费的，用人单位应提交医院出具的死亡证明、殡仪馆的火化证明（原件及复印件，核对无误后留存复印件）

或人民法院宣告死亡的法律文书，经社会保险经办机构审核后，办理人员"减员"手续并返还养老保险个人账户。

四、经办风险点解析

1. 材料齐全，表格填写完整。

2. 机关事业单位新增职工以组织、人力资源社会保障部门出具的《工资核定通知单》上起薪日期为准。

3. 用人单位增员时，社保缴费基数由单位申报，缴费基数必须在各省发布的用于社保缴费的"全省上年度在职职工社平工资"的 60%~300% 之间。

4. 用人单位减员前必须确保社会保险缴费至解除劳动合同当月。

5. 社会保险经办机构应对网上提报的信息进行严格审核，注意审核缴费基数和增减年月，避免日后产生纠纷。

6. 办理"机关事业单位增员"必须区分编制类型，险种选择要准确。

7. 参保人员因"死亡"办理减员的，"死亡日期"必须填写准确。

8. 注意核对减员原因是否合规。

9.注意"减员年月"是否正确,减员前是否有欠费。

10.统筹地区外调入人员,女士满40周岁、男士满50周岁的,一般应建立社会保险临时账户;2025年1月1日起,国家关于职工延迟退休政策和养老保险最低缴费年限规定实施后,应根据新办法确定是否建立社会保险临时帐户。

第五节　建筑业按项目参加工伤保险

一、业务概述

"建筑业按项目参加工伤保险",是指根据《人力资源和社会保障部社会保险事业管理中心关于印发〈建筑业按项目参加工伤保险经办规程(试行)〉的通知》(人社险中心函〔2015〕38号)文件中《建筑业按项目参加工伤保险经办规程(试行)》的规定,对不能按用人单位参保、流动性大的职工特别是农民工,按建设项目参加所在地的工伤保险。即在某一建筑项目建设施工期内,施工单位为参与项目建设的建筑工人按项目建设标的额的一定费率缴纳工伤保险费,并享受工伤保险待遇,俗称"打包式"参保。

二、文件依据

1.《人力资源和社会保障部社会保险事业管理中心关于印发〈建筑业按项目参加工伤保险经办规程(试行)〉的通知》（人社险中心函〔2015〕38号）。

2.《山东省人力资源和社会保障厅 山东省住房和城乡建设厅关于明确建筑业按建设项目参加工伤保险费率的通知》（鲁人社字〔2022〕49号）。

三、办理要件

建筑业按项目参加工伤保险需收齐如下要件：

企业申请登记时，领取并填报《建筑施工企业工伤保险参保登记表》《参加工伤保险人员情况申报表》《建筑施工企业工伤保险缴费申报表》。

办理建筑业按项目参加工伤保险需提供的申报材料：

1. 企业营业执照（副本）原件。

2.《中标通知书》或《承接工程通知书》原件。

3.《建筑工程施工合同》原件。

4. 企业法人或主要负责人身份证复印件（限初次参保）。

5. 项目负责人身份证复印件。

6.项目经办人员身份证复印件。

各级社会保险经办机构办理"建筑业按项目参加工伤保险业务"应努力实现部门数据共享和网上办理，让建筑企业少跑腿。

四、经办风险点解析

1.对参保登记资料不全或内容不完整的，暂不收取，并一次性告知全部所需材料。

2.资料初审符合规定的，社会保险经办机构应予以受理，按以下程序办理：

第一步：核对原件、复印件，核对无误后进行项目参保登记，材料退还申请单位，即时办理。

第二步：建筑项目立户后严格按照工程总造价、项目施工起始时间生成申报信息，确认数据无误后，填写缴费单据，告知单位到社会保险征收机构（税务）窗口缴费。

第三步：通过系统查看缴费单据已确认后，开具参保证明。

3.社会保险经办机构审查受理材料时注意申报人提供的材料是否完整真实；审核立户时注意审查工程总造价和工程起始时间与施工单位提报的《建设工程施工合同》是否相符。

4. 工伤保险费计算时应以建设项目工程总造价的一定比例缴纳，公式为：工伤保险费＝项目工程总造价×建设项目参加工伤保险缴费费率。

5. 审核参保工伤保险期限是否与《建设工程施工合同》规定的合同工期一致：提前竣工的，工伤保险期限在竣工之日终止；合同工期延长的，在合同到期15日前办理顺延手续。

6. 社会保险经办机构工作人员、建设单位应按项目规定，提醒用工建筑单位注意随时办理从业人员增员、减员手续。

第六节　职工申请补缴社会保险费

一、业务概述

"补缴社会保险费"是指劳动关系存续期间，参保单位、职工根据社会保险法的规定，对由于某种原因导致应保未保或应缴未缴的社会保险费（包括养老保险、工伤保险、失业保险，含少报、漏报缴费基数），依照规定办理社会保险费补缴。具体补缴办法根据各省（市、自治区）规定执行。

二、文件依据

1.《山东省人力资源和社会保障厅 山东省财政厅关于完善职工基本养老保险缴费政策的通知》（鲁人社规〔2019〕13号）。

2.《人力资源社会保障部办公厅关于企业职工养老保险一次性补缴风险提示的函》（人社厅函〔2021〕14号）。

3.《山东省劳动和社会保障厅关于企业原临时性用工基本养老保险费缴纳有关问题的通知》（鲁劳社函〔2006〕121号）。

三、办理要件

1.《企业职工补缴基本养老保险费申请表》。

2.申请补缴人身份证明（身份证或户口簿）和工资收入凭证等与补缴事由相对应的证明材料。

3.参保单位及其职工一次性补缴超过三年的，提供人民法院、审计部门、实施劳动监察的行政部门或劳动人事争议仲裁委员会等出具的符合《人力资源社会保障部办公厅关于职工基本养老保险关系转移接续有关问题的补充通知》（人社厅发〔2019〕94号）规定的法律文书。

4.经办人身份证复印件。

四、经办风险点解析

1. 社会保险经办机构工作人员应注意审查申请补缴单位提供的材料是否真实完整。

2. 社会保险经办机构工作人员制定补缴计划时，注意区分好单位缴费和个人缴费基数和比例。

3. 工作人员须认真审核补缴职工信息及缴费基数、补缴期限，确保录入信息准确完整。

4. 社会保险经办机构受理、办理补缴业务，应当通过社会保险管理信息系统办理；审查补缴材料时应特别注意补缴人月工资明细，以及补缴人的原始档案、劳动合同、用工登记表、工资收入凭据等与补缴事由相对应的证明材料的原件的真实性。

5. 已办理退休手续并领取待遇人员申请补缴养老保险费的，原则上人力资源社会保障部门不再办理。

6. 一次性补缴不超过三年的，社会保险经办机构应将相关申报材料上传社会保险管理信息系统并推送至税务部门（社会保险费征收机构），通知用人单位到税务部门缴费；一次性补缴超过三年的，用人单位及其职工个人应提供人民法院、审计部门、实施劳动监察的行政部门或劳动人事争议仲裁委员会等出具的符合规定的法律文书。

第七节　企业职工基本养老保险与城乡居民基本养老保险互转

一、业务概述

依参保居民、参保职工申请，社会保险经办机构根据相关文件规定，在计算养老保险待遇前，将当事人居民基本养老保险个人账户积累额转入企业职工养老保险个人账户。或当事人企业职工基本养老保险个人账户部分转入居民基本养老保险个人账户。两个账户之间资金转移方向，取决于当事人领取哪种养老保险待遇。

二、文件依据

1.《人力资源社会保障部　财政部关于印发〈城乡养老保险制度衔接暂行办法〉的通知》（人社部发〔2014〕17号）。

2.《山东省人力资源和社会保障厅　山东省财政厅关于印发〈山东省城乡养老保险制度衔接经办规程〉的通知》（鲁人社字〔2024〕84号）。

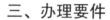

三、办理要件

参保人身份证；委托他人办理的，应提供委托人的委托书、受委托人的身份证。

四、经办风险点解析

1. 认真核对申请人身份证原件、复印件，确保无误。

2. 认真查验申请人年龄，已领取基本养老保险待遇人员不予办理转移手续。个人账户养老基金需要在到达待遇领取条件前申请办理。

3. 在同一参保地同时参加居民基本养老保险和企业职工养老保险的，办理两种养老保险个人账户互转的，本人应提出书面办理申请。

4. 参保人员办理城镇职工基本养老保险和城乡居民基本养老保险两种制度衔接手续的，先按城镇职工基本养老保险有关规定确定待遇领取地，并将城镇职工基本养老保险的保险关系归集至待遇领取地，再办理制度衔接手续。

5. 参保人员从城乡居民基本养老保险转入城镇职工基本养老保险的，城乡居民基本养老保险个人账户全部储存额并入城镇职工基本养老保险个人账户，城乡居民基本养老保险缴费年限不合并计算或折算为城镇职工基本养老保险缴费年限。

6.参保人员从职工养老保险转入居民基本养老保险的，在转入居民基本养老保险待遇领取地提出申请。

7.参保人员从职工养老保险转入居民基本养老保险，职工养老保险个人账户全部储存额并入居民基本养老保险个人账户，参加职工养老保险的缴费年限合并计算为居民基本养老保险的缴费年限。

第八节　职工重复（预）缴费办理退费

一、业务概述

"企业职工重复（预）缴费退费"，是指根据《人力资源和社会保障部关于贯彻落实国务院办公厅转发城镇企业职工基本养老保险关系转移接续暂行办法的通知》（人社部发〔2009〕187号）及《山东省人力资源和社会保障厅关于印发〈山东省企业职工基本养老保险费退费经办规程（试行）〉的通知》（鲁人社字〔2022〕31号）规定：参保人员流动就业，同时在两地以上存续基本养老保险关系的；以灵活就业人员身份预缴费又就业的；职工已按灵活就业人员身份缴纳养老保险费，参保单位又申请为职工补缴该时间段社会保险费的；服刑期间不应缴费的；以及达到法定退休年龄、单位与职工劳动关系终止、在职死亡等情形未及时减员的，上述情形下需要做退费处理。

二、文件依据

1.《人力资源和社会保障部关于贯彻落实国务院办公厅转发城镇企业职工基本养老保险关系转移接续暂行办法的通知》（人社部发〔2009〕187号）。

2.《山东省人力资源和社会保障厅关于印发〈山东省企业职工基本养老保险费退费经办规程（试行）〉的通知》（鲁人社字〔2022〕31号）。

3.《山东省人力资源和社会保障厅关于明确企业职工基本养老保险费退费有关问题的通知》。

三、办理要件

1. 参保居民本人身份证（参保人委托他人代为办理的，提供代办人的居民身份证原件及参保人身份证原件）。

2.《企业职工基本养老保险重复缴费退费申请表》。

3. 参保职工个人社保卡复印件或有效单位银行账户。

4. 服刑期间不应缴费的应提供法院判决书；符合

达到法定退休年龄、单位与职工劳动关系终止、在职死亡等情形未及时减员的，单位应提供相关证明材料。

5. 职工已按灵活就业人员身份缴纳养老保险费，参保单位申请为职工补缴该时间段社会保险费的，应提供认定劳动关系的相应法律文书。

四、经办风险点解析

1. 社会保险经办机构工作人员应注意审核申请退费的材料是否有效、符合规定。

2. 规范社会保险经办机构内部操作流程：严格初复审和审批制度，即职能科室工作人员办理退费业务，应经两人及以上初复审，分管负责人审批，再经主要负责人签字同意后，财务部门方可支付款项。

3. 参保个人申请退费的，社会保险经办机构财务部门应通过网银将所退款项直接打款至参保个人社保卡银行账户；用人单位申请退费的，社会保险经办机构财务部门应将款项打至参保单位指定银行账户。

4. 注意区分全额退费和仅办理个人账户退费两种情形。

五、相关附表

《企业职工基本养老保险重复缴费退费申请表》。

企业职工基本养老保险重复缴费退费申请表

姓名：		身份证号码：		
情况说明	退费原因	灵活就业人员预缴费与单位缴费重复（ ） 全额退费		
		外地缴费转入本地后与本地缴费重复（ ） 只退重复月份的个人账户		
		因在职死亡，退死亡之月后的预缴费（ ） 全额退费		
		其他原因：		
	退费时间	退费起始年月：		
		退费终止年月：		
	其他备注		联系电话：	
	本人签字：		日期：	
办理情况				

本表一式两份，申请人和社会保险经办机构各一份。

第九节　外国人参保登记

一、业务概述

"外国人参保登记"，是指根据《在中国境内就业的外国人参加社会保险暂行办法》，为了维护在中国境内就业的外国人依法参加社会保险和享受社会保险待遇的合法权益，加强社会保险管理，按照规定为其办理的社会保险登记。县级以上人力资源和社会保障行政部门的社会保险经办机构主管外国人参加社会保险登记。

二、文件依据

《在中国境内就业的外国人参加社会保险暂行办法》（中华人民共和国人力资源社会保障部令第16号）。

三、办理要件

1. 用人单位提供参保人的有效护照。

2. 劳动合同或派遣合同等资料。

3.《外国人就业证》《外国专家证》《外国常驻记者证》等就业证件（取得在中国永久居留资格的人

员，应提供本人《外国人永久居留证》）。

四、经办风险点解析

1. 社会保险经办机构应审核用人单位或个人提供的材料是否真实、完整。

防控措施：须认真审核数据，确保录入信息准确完整。录入完成后两人复核。

2. 社会保险机构登记服务岗应负责审核参保单位提供的外国人参保登记申报资料是否完整、真实、有效。资料不齐全或内容不完整的，工作人员暂不收取，并一次性告知所需全部资料。资料符合规定的，予以受理，按以下程序办理：

①核对原件、复印件，核对无误，原件退还申请开户单位。资料齐全且内容真实完整的，即时办理。

②确定工资缴费基数，录入社保经办系统。

五、参保时需要注意的其他情况

外国人社会保障号码编码规则：外国人参加中国社会保险，其社会保障号码由外国人原所在国家或地区代码和有效证件号码组成。外国人有效证件为护照或《外国人永久居留证》，所在国家或地区代码和有效证件号码之间预留一位。

1. 外国人所在国家或地区代码按"ISO 3166-1：2006"（国家及其地区的名称代码.第一部分：国家代码）规定的 3 位英文字母表示，如德国为 DEU，丹麦为 DNK。遇到国际标准升级时，人力资源和社会保障部将统一确定代码升级时间。

取得在中国永久居留资格的外国人，其原所在国家或地区代码与其所持《外国人永久居留证》号码中 1-3 位的国家或地区代码一致（也为 3 位）。

2. 预留位 1 位，默认情况为 0，在特殊情况时，可填写数字 1-9。

3. 编制使用外国人有效护照号码，应为包含全部英文字母和阿拉伯数字，不包括其中的"."、"-"等特殊字符。编制使用《外国人永久居留证》号码，为该证件号码中第 4-15 位号码。

4. 社保系统数据库对外国人社会保障号码预留 18 位长度（其中有效护照号码最多为 14 位）。编制号码不足 18 位的，不需要补足位数。

5. 外国人社会保障号码在中国唯一且终身不变。其证件号码发生改变时，以初次参保登记时的社会保障号码作为唯一标识，社会保险经办机构应对参保人员的证件类型、证件号码变更情况进行相应的记录。

第十节　参保人员基本信息变更

一、业务概述

"参保人员基本信息变更"，是参保人参保登记时基本信息录入错误需要纠正的相关事项，如身份证号码升位、信息变更、姓名改动等，由参保个人或单位申请修改相关事项的业务。

二、文件依据

《中华人民共和国社会保险法》（中华人民共和国主席令第 35 号）。

三、办理要件

身份证原件、户口簿、公安部门开具的证明，以及其他需要参保个人和单位提供的材料。

四、经办风险点解析

1. 社会保险经办机构工作人员应验证证件是否真实有效：职工基本信息、参保信息错误的，建议经集体会审程序后，符合规定的进行修改，不符合规定的退回并说明原因。

2. 一般情况下，不允许同时申请修改姓名和身份证号码；情况属实确需同时修改的，应由公安部门出具曾用名、曾用身份证号码证明。

3. 属当事人参保时工作人员录入错误的，应由当事人个人申请、单位证明，同时有社会保险经办机构两名以上工作人员进行调查核实，取得公安部门的查询证明或确认修改前当事人是否真实存在，若真实存在公安户籍登记机关是否已同意并办理信息修改；修改材料应当备案，审批后的材料应扫描存档。

4. 为维护社保基金安全，参保人社保系统身份登记信息由"退休"状态修改为"在职"状态的，若申请人相关申报材料齐全，社会保险经办机构应建立会审制度，由业务分管领导做出事实陈述，按"三重一大"制度议事程序，经办公会研究通过、主要领导签字同意后，方可办理。

5. 业务办理过程中发现参保人涉嫌伪造个人信息、虚构劳动关系或提供虚假材料参保的，应暂停业务办理并及时上报，并根据调查结果分别做出继续办理业务、终止办理业务、要情立案查处的决定。

第十一节　参保人员重复信息合并

一、业务概述

"参保人员重复信息合并"，是参保人员存在多条参保信息，如既参加过职工保险又参加过居民保险等，社会保险经办机构按社会保险的规定，对参保人的多条参保数据进行信息合并的业务。合并基本信息后，一个参保人员应只存在一个参保基本信息。

二、文件依据

《中华人民共和国社会保险法》（中华人民共和国主席令第 35 号）。

三、办理要件

参保人身份证。

四、经办风险点解析

1.需合并信息的参保人，社会保险经办机构应仔细确认是否为同一参保人员，合并前的信息应打印纸质材料，当事人签字后存档备查。

2. 只有身份证号码和姓名两者都完全相同时，才允许直接合并信息，否则应附调查证明材料。

第十二节 企业职工基本养老保险关系跨省转移

一、业务概述

"企业职工基本养老保险关系跨省转移"，是指根据《国务院办公厅关于转发人力资源社会保障部财政部城镇企业职工基本养老保险关系转移接续暂行办法的通知》（国办发〔2009〕66号）第三条的规定，参保人员跨省、跨地区流动就业的，应由原参保地将其基本养老关系随同转移至新参保地。做好城镇企业职工基本养老保险关系转移接续工作，事关参保人员的切身利益。县级及以上劳动保障行政部门的社会保险经办机构主管社会保险关系转移。

二、文件依据

1.《国务院办公厅关于转发人力资源社会保障部财政部城镇企业职工基本养老保险关系转移接续暂行

办法的通知》（国办发〔2009〕66号），从2010年1月1日起施行。

2.《人力资源和社会保障部关于贯彻落实国务院办公厅转发城镇企业职工基本养老保险关系转移接续暂行办法的通知》（人社部发〔2009〕187号），从2010年1月1日起施行。

3.《山东省人民政府办公厅关于转发省人力资源和社会保障厅省财政厅山东省企业职工基本养老保险关系转移接续实施办法的通知》（鲁政办发〔2010〕50号），从2010年10月1日起施行。

4.《人力资源社会保障部关于城镇企业职工基本养老保险关系转移接续若干问题的通知》（人社部规〔2016〕5号），自2016年11月28日起执行。

5.《人力资源社会保障部办公厅关于职工基本养老保险关系转移接续有关问题的补充通知》（人社厅发〔2019〕94号），自2019年9月29日起执行。

6.《山东省人力资源和社会保障厅　山东省财政厅关于转发人社厅发〔2019〕94号文件明确企业职工基本养老保险关系转移接续有关问题的通知》（鲁人社字〔2019〕226号），自2019年12月25日起执行。

7.《山东省人力资源和社会保障厅关于进一步规

范企业职工基本养老保险有关政策的通知》（鲁人社规〔2021〕4号），自2021年10月18日起施行。

三、办理要件

1. 本人身份证原件（转入人员在本地首次参保，女士年满40周岁、男士年满50周岁的，须携带本人户口簿）。

2. 参保缴费凭证（非必需件）。

3. 转出人员1996年前曾有缴费，并且参保人有养老保险手册的，可向社会保险经办机构提供养老保险手册，社会保险经办机构工作人员核实缴费历史后，为其维护基本养老保险缴费历史；参保人无养老保险手册的，持身份证、招工表复印件，到社会保险经办机构查询原工作单位缴费台账，社会保险经办机构依规协助办理后，根据查询结果在社保信息系统中维护基本养老保险缴费历史。

4.《人力资源社会保障部关于城镇企业职工基本养老保险关系转移接续若干问题的通知》（人社部规〔2016〕5号）执行之日（2016年11月28日）前，企业转入人员在原参保地一次性补缴社会保险超过3年（含3年）的，需提供对方社会保险经办机构出具的一次性补缴承诺书及相关补交材料方可办理。

5.《人力资源社会保障部关于城镇企业职工基本养老保险关系转移接续若干问题的通知》（人社部规〔2016〕5 号）执行之日起（2016 年 11 月 28 日），企业转入人员在原参保地一次性补缴社会保险超过 3 年（含 3 年），须提供人民法院、审计部门、劳动保障监察行政部门或仲裁部门出具的证明补缴期间与用人单位存在劳动关系的法律文书。

目前各地为提高工作质效，方便群众办事，开通了网上申报渠道。开通网上申请办理的地区，自助申请需满足相关申请网站及客户端具体实名认证等要求。对于临时账户缴费人员，不建议使用网上渠道办理。

四、办理流程

参保人社保关系转入，线下办理一般流程包括：

（1）转入地社会保险经办机构受理转入申请，生成电子联系函，上传人力资源和社会保障部社会保险关系转移系统。

（2）转出地社会保险经办机构接收联系函，回传信息表并转移基金。

（3）转入地社会保险经办机构相关部门通过任务池接收人力资源和社会保障部社会保险关系转移系

统发送的信息表，审核信息表并录入养老转移信息表，推送至基金财务部门确认基金到账。

（4）基金财务部门确认单据后反馈信息表接续办结的待办事项，办理完结。

参保人员可以通过网上办理社保关系转移手续，流程如下：

（1）转入地社会保险经办机构网上受理并审核人力资源和社会保障部社会保险关系转移系统中的养老关系转入申请；审核通过后扫描材料，生成电子联系函，个人权益记录科审核通过后自动上传至人力资源和社会保障部社会保险关系转移系统。

（2）转出地社会保险经办机构接收联系函，回传信息表并转移基金。

（3）转入地社会保险经办机构个人权益记录部门通过任务池接收人力资源和社会保障部社会保险关系转移系统发送的信息表，审核信息表并录入养老转移信息表，推送至基金财务部门确认基金到账。

（4）基金财务部门确认单据后反馈信息表接续办结的待办事项，办理完结。

社保关系转出参考流程：

第一步，参保人员到转入地申请转入，转入地向

转出地社会保险经办机构发送联系函。

第二步，转出地社会保险经办机构接收联系函，生成信息表，并上传系统；待对方社会保险经办机构审核通过后，在任务池中签领并打印拨付单据。

第三步，转出地社会保险经办机构基金管理部门转出基金后确认单据。业务办理完结。

五、经办风险点解析

1. 社会保险经办机构办理社保关系转出前，应审查参保人员是否已经与用人单位解除劳动关系、与代理单位解除代理关系。

2. 在转出地建立基本养老保险个人账户前曾有缴费的，转出前通过查询参保职工个人养老保险手册或台账，维护前期缴费信息。

3. 注意审查参保人员信息，首次参保的非山东户籍人员，女士年满 40 周岁、男士年满 50 周岁的应建立临时账户，不能办理转入，只能办理转出。（2025年 1 月 1 日起，国家关于职工延迟退休政策和养老保险最低缴费年限相关规定实施后，应根据新规定判断是否建立临时账户）。

4. 转出地有欠费且有意向补缴的，应当在转出地补缴完毕后，由转出地社会保险经办机构一同办理转出手续。

5.《人力资源社会保障部关于城镇企业职工基本养老保险关系转移接续若干问题的通知》（人社部规〔2016〕5号）执行之日（2016年11月28日）前，转入人员在原参保地一次性补缴社会保险超过3年（含3年），需提供对方社会保险经办机构出具的一次性补缴承诺书及相关补交材料。

6.《人力资源社会保障部关于城镇企业职工基本养老保险关系转移接续若干问题的通知》（人社部规〔2016〕5号）执行之日始（2016年11月28日），转入人员在原参保地一次性补缴社会保险超过3年（含3年），须提供人民法院、审计部门、劳动保障监察行政部门或仲裁部门出具的证明补缴期间与用人单位存在劳动关系的法律文书。

7.参保人员返回户籍所在地（指省、自治区、直辖市，下同）就业参保的，户籍所在地的相关社会保险经办机构应为其及时办理转移接续手续。

8.参保人员未返回户籍所在地就业参保的，由新参保地的社会保险经办机构为其及时办理转移接续手续。但对男性年满50周岁和女性年满40周岁的，应在原参保地继续保留基本养老保险关系，同时在新参保地建立临时基本养老保险缴费账户，记录单位和个人全部缴费。参保人员再次跨省流动就业或在新参保地达到待遇领取条件时，将临时基本养老保险缴费账户中的全部缴费本息，转移归集到原参保地或待遇领取地账户。

9. 基本养老保险关系在户籍所在地的，由户籍所在地负责办理待遇领取手续，享受基本养老保险待遇。

10. 基本养老保险关系不在户籍所在地、而在其基本养老保险关系所在地累计缴费年限满 10 年的，在该地办理待遇领取手续，享受当地基本养老保险待遇，该条件下办理业务时，科室负责人应向分管负责人汇报。

11. 基本养老保险关系不在户籍所在地、且在其基本养老保险关系所在地累计缴费年限不满10年的，将其基本养老保险关系转回上一个缴费年限满 10 年的原参保地办理待遇领取手续，享受基本养老保险待遇。

12. 基本养老保险关系不在户籍所在地、且在每个参保地的累计缴费年限均不满 10 年的，将其基本养老保险关系及相应资金归集到户籍所在地，由户籍所在地按规定办理待遇领取手续，享受基本养老保险待遇。

13. 参保人员经县级以上党委组织部门、人力资源和社会保障行政部门批准调动，且与调入单位建立劳动关系并缴纳基本养老保险费的，不受年龄规定限制，应在调入地及时办理基本养老保险关系转移接续手续，转入 / 转出时，办理此项业务应向分管负责人汇报。

14. 已经按国家规定领取基本养老保险待遇的人员，不再转移基本养老保险关系。

第十三节 机关事业单位基本养老保险（含职业年金）关系转移接续

一、业务概述

全国统一的机关事业单位职工基本养老保险制度始于 2014 年 10 月 1 日。"机关事业单位基本养老保险（含职业年金）转移接续"是指参加机关事业单位养老保险在职人员在机关事业单位之间、机关事业单位与企业之间流动就业时，将其基本养老保险（含职业年金）关系转移接续的业务。

二、文件依据

1.《中华人民共和国社会保险法》（中华人民共和国主席令第 35 号）。

2.《山东省人力资源和社会保障厅关于印发山东省机关事业单位基本养老保险关系和职业年金转移接续业务经办规程的通知》（鲁人社规〔2018〕4 号）。

三、办理要件

（一）基本养老保险关系转出

1. 身份证或社保卡原件。

2.《干部指调信》或《组织部调动干部函》原件。

3. 因辞职、辞退、未按规定程序离职、开除、判刑等原因离开机关事业单位的，提供行政处理决定、判决文书等相关资料。

（二）基本养老保险关系转入

1. 身份证原件。

2.《养老保险参保缴费凭证》（非必需件）。

养老保险关系转出一般业务流程：

1. 参保单位或参保人员到社会保险经办机构维护参保人员改革前缴费历史。

2. 转出地社会保险经办机构根据参保单位或参保

人员申请，办理减员业务，生成并打印《养老保险参保缴费凭证》（非必需件）交参保单位或参保人员，生成《养老保险参保缴费凭证》时注意维护个人相关信息，如户口所在地等。

3.转出地社会保险经办机构办理改革前个人缴费返还业务（合同制工人暂不返还）。

4.转出地社会保险经办机构个人权益记录部门收到转入地社会保险经办机构出具的《基本养老保险关系转移接续联系函》和《职业年金（企业年金）关系转移接续联系函》后，核对有关信息，生成并打印《基本养老保险关系转移接续信息表》《基本养老保险信息表附表》《养老基金转出单据》《职业年金（企业年金）关系转移接续信息表》《年金基金转出单据》；将《基本养老保险关系转移接续信息表》《基本养老保险信息表附表》《职业年金（企业年金）关系转移接续信息表》传送给转入地社会保险经办机构，终止参保人员在本地的基本养老保险关系。

5.转出地社会保险经办机构基金管理部门办理基本养老保险基金划转手续。

养老保险关系转入一般业务流程：

1.参保单位或参保人员向转入地社会保险经办机

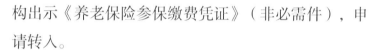

构出示《养老保险参保缴费凭证》（非必需件），申请转入。

2. 符合转入条件的，转入地社会保险经办机构生成并向转出地社会保险经办机构发出《基本养老保险关系转移接续联系函》《职业年金（企业年金）关系转移接续联系函》，抄送个人权益记录部门。

3. 转入地社会保险经办机构个人权益记录部门审核《基本养老保险关系转移接续信息表》和《职业年金（企业年金）关系转移接续信息表》，基金财务部门接收转移基金，填写养老金基金转入单据，并告知个人权益记录部门。

4. 个人权益记录部门收到《基本养老保险关系转移接续信息表》和《职业年金（企业年金）关系转移接续信息表》，在信息、资金匹配一致后，录入养老、职业年金关系转入信息、缴费历史信息和附表等，并核对账户及缴费历史。

四、经办风险点解析

（一）社保关系转出时应注意的方面

1. 转移接续条件：参保人员在 2014 年 10 月 1 日后参加机关事业单位职工基本养老保险的，符合以下条件，应办理基本养老保险关系和职业年金的转移接续：①在机关事业单位之间流动的；②在机关事业单位和企业（含个体工商户和灵活就业人员）之间流动的；③因辞职辞退等原因离开机关事业单位的。

2.参保人员在同一统筹范围（指设区的市，含省直）内流动的，只转移基本养老保险关系，不转移基本养老保险基金；参保人员在同一统筹范围（指设区的市，含省直）外流动的，既转移基本养老保险关系，又转移基本养老保险基金。

3.山东省内改革前参加地方原有试点、改革后纳入机关事业单位基本养老保险的人员，改革前的个人缴费本息在转出时一次性支付给本人。合同制工人暂不返还。

4.参保人员转出基本养老保险关系前，本人欠缴基本养老保险费的，由本人向原基本养老保险关系所在地补缴个人欠费后再办理基本养老保险关系转出手续，同时原参保所在地社会保险经办机构负责转出包括参保人员原欠缴年份的单位缴费部分；本人不补缴个人欠费的，社会保险经办机构也应及时办理基本养老保险关系和基金转出的各项手续，其欠缴基本养老保险费的时间不计算缴费年限，个人欠费的时间不转移基金，之后不再办理补缴欠费。

5.转出地社会保险经办机构接收联系函时，注意选择"转入地参保险种类型"；生成信息表时，注意"转出信息"中"转移范围""转移制度方向"等选项。

6.参保人员在机关事业单位之间跨省流动的、从机关事业单位流动到企业的，办理基本养老保险基金划转手续时，个人缴费部分按记入本人个人账户的全部储存额计算转移。单位缴费部分以本人改革后各年度实际缴费工资为基数，按12%的总和转移；参保缴费不足1年的，按实际缴费月数计算转移。发生两次及以上转移的，从企业职工基本养老保险转入的单位缴费部分和个人账户储存额全部随同转移。

7.参保人员从企业流动到机关事业单位的，转移基金按以下办法计算：

①个人账户储存额：即1998年1月1日之前个人缴费累计本息和1998年1月1日之后个人账户的全部储存额。个人账户储存额与按规定计算的资金转移额不一致时，1998年1月1日之前的，转入地和转出地均保留原个人账户记录；1998年1月1日至2005年12月31日期间，个人账户记账比例高于11%的部分不计算为转移基金，个人账户记录不予调

整，低于 11% 的转出地按 11% 计算转移资金并相应调整个人账户记录；2006 年 1 月 1 日之后的个人账户记账比例高于 8% 的部分不转移，个人账户不予调整，低于 8% 的转出地按 8% 计算转移资金，并相应调整个人账户记录。

②统筹基金（单位缴费）：以本人 1998 年 1 月 1 日后各年度实际缴费工资为基数，按 12% 的总和转移；参保缴费不足 1 年的，按实际缴费月数计算转移。

（二）社保关系转入时应注意审查的方面

1. 在"录入养老关系转移信息—转入信息"时，注意转移的方向，在"录入养老关系转移信息—缴费历史信息"时注意维护备注信息，如果是从企业转机关的，一定备注"企业缴费"，以便在个人缴费历史中区别是否是企业缴费。

2. 参保人员在同一统筹范围（指设区的市，含省直）内流动的，只转移基本养老保险关系，不转移基本养老保险基金；参保人员在同一统筹范围（指设区的市，含省直）外流动的，既转移基本养老保险关系，又转移基本养老保险基金。

3. 参保人员在机关事业单位之间跨省流动的、从机关事业单位流动到企业的，办理基本养老保险基金划转手续时，个人缴费部分按记入本人个人账户的全部储存额计算转移。单位缴费部分以本人改革后各年度实际缴费工资为基数，按 12% 的总和转移；参保缴费不足 1 年的，按实际缴费月数计算转移。发生两次及以上转移的，从企业职工基本养老保险转入的单位缴费部分和个人账户储存额全部随同转移。

4. 参保人员从企业单位流动到机关事业单位的，转移基金按以下办法计算：

①个人账户储存额：即 1998 年 1 月 1 日之前个人缴费累计本息和 1998 年 1 月 1 日之后个人账户的全部储存额。个人账户储存额与按规定计算的资金转移额不一致时，1998 年 1 月 1 日之前的，转入地和转出地均保留原个人账户记录；1998 年 1 月 1 日至 2005 年 12 月 31 日期间，个人账户记账比例高于 11% 的部分不计算为转移基金，个人账户记录不予调整，低于 11% 的转出地按 11% 计算转移资金并相应调整个人账户记录；2006 年 1 月 1 日之后的个人账户记账比例高于 8% 的部分不转移，个人账户不予调整，低于 8% 的转出地按 8% 计算转移资金，并相应调整个人账户记录。

②统筹基金（单位缴费）：以本人 1998 年 1 月

1 日后各年度实际缴费工资为基数，按 12% 的总和转移；参保缴费不足 1 年的，按实际缴费月数计算转移。

5. 办理基本养老保险关系转入业务时，待收到《基本养老保险信息表》和转移基金，在信息、资金匹配一致后再办理后续的接续手续。

6. 参保人员同时存续基本养老保险关系或重复缴纳基本养老保险费的，转入地社会保险经办机构应按"先转后清"的原则，在参保人员确认保留相应时段缴费并提供退款账号后，办理基本养老保险关系清理和个人账户储存额退还手续。

（三）职业年金转移业务应把握的原则

1. 职业年金省级归集后，参保人员在省内机关事业单位之间流动时，只转移职业年金关系，不转移基金。其中，在同级财政全额供款的机关事业单位之间流动时，转出人员如存在采取记账方式管理的单位缴费无需记实，继续由转入单位采取记账方式管理；在非同级财政全额供款的机关事业单位之间流动、或由财政全额供款单位流动到非财政全额供款单位时，转出人员如存在采取记账方式管理的单位缴费，需按规定记实后再办理转移接续。

2. 参保人员在机关事业单位之间跨省流动、或在机关事业单位和建立企业年金制度的企业之间流动时，在转移职业年金关系的同时，转移基金。转出人员如存在职业年金个人账户记实情形的，需按规定记实后再办理转移接续；如存在职业年金补记情形的，根据改革前本人在机关事业单位工作的年限长短补记职业年金后再办理转移接续。

3.参保人员处于升学、参军、失业期间的，或者新就业单位没有实行年金制度的，职业年金关系和基金不转移，原参保地社会保险经办机构在业务系统中标识保留账户，并逐级向省社保中心提交保留账户申请。省社保中心在省级职业年金业务系统中标识保留账户，继续管理运营其职业年金个人账户。

原参保地社会保险经办机构在参保单位办理上述人员相关业务时，如参保人员存在职业年金个人账户记实、职业年金补记情形的，原参保地社会保险经办机构在按照职业年金个人账户记实、职业年金补记规定完成相关业务后，省社保中心将记实或补记金额记入其职业年金个人账户。

参保人员退休时，原参保地社会保险经办机构受理并审核参保人员提交的待遇支付申请和相关材料，符合支付条件的，逐级向省社保中心提交待遇支付申请，省社保中心依申请按照《国务院办公厅关于印发机关事业单位职业年金办法的通知》（国办发〔2015〕18号）文件规定计发职业年金待遇。

4.参保人员从企业再次流动到机关事业单位的，从未参加企业年金制度的企业转出、原机关事业单位在省内的，省社保局根据转入地社会保险经办机构上报的参保人员增员信息，将参保人员保留账户恢复为正常缴费账户，按规定继续管理运营；从未参加企业年金制度的企业转出、原机关事业单位在省外的，参保人员的职业年金保留账户按照制度内跨省转移接续流程办理；从建立企业年金制度的企业转出，按照从企业流动到机关事业单位的企业年金转移接续流程办理。

5.参保人员再次从机关事业单位流动到企业的，不再重复补记职业年金。参保人员再次从企业流动到机关事业单位的，在机关事业单位职工基本养老保险制度内退休时，需由领取地社会保险经办机构逐级向省社保局提交待遇支付申请。省社保局将补记职业年金本金及投资收益划转至待遇领取地社会保险经办机构的机关事业单位基本养老保险统筹基金账户。

6.参保人员达到待遇领取条件时，跨省存在多个职业年金关系的，应由待遇领取地社会保险经办机构通知其他建立职业年金关系的社会保险经办机构，按照相应规定，将职业年金关系归集至待遇领取地社会保险经办机构。

7.参保人员从企业流动到机关事业单位的，在原企业建立的企业年金按规定转移接续并继续管理运营。参保人员在机关事业单位职工基本养老保险制度内退休时，过渡期内，企业年金累计储存额不计入新老办法标准对比范围，企业年金累计储存额除以计发月数后按月领取；过渡期之后，将职业年金、企业年金累计储存额合并计算，按照《国务院办公厅关于印发机关事业单位职业年金办法的通知》（国办发〔2015〕18号）文件计发职业年金待遇。

8.省内改革前参加地方原有试点、改革后纳入机关事业单位基本养老保险的人员，改革前的个人缴费本息在转出时一次性支付给本人；由外省转入的改革前参加地方原有试点、改革后纳入机关事业单位基本养老保险的人员，改革前的个人缴费本息在转入时一次性支付给本人，不纳入职业年金基金管理。

第十四节　企业职工基本养老保险与机关事业单位基本养老保险关系互转

一、业务概述

企业职工基本养老保险与机关事业单位职工基本养老保险关系互转，是指参保人员基本养老保险关系在企业职工基本养老保险和机关事业单位职工基本养老保险之间跨保险制度进行的社保关系转移。

二、文件依据

《人力资源社会保障部办公厅关于进一步做好养老保险关系转移接续经办服务工作的通知》（人社厅函〔2019〕185号）。

三、办理要件

1. 本人身份证原件（转入人员首次在本地参保，女士年满40周岁、男士年满50周岁的，须携带本人户口簿）。

2. 参保缴费凭证（非必要件）。

3. 企业职工转出人员 1996 年前（建立基本养老保险个人账户前）有缴费的，提供个人养老保险缴费手册（若有提供）到社会保险经办机构个人权益记录部门维护缴费历史；无养老保险手册的，需持本人身份证、招工表（复印件）到社会保险经办机构查询原工作单位缴费台账，社会保险经办机构工作人员据实维护缴费历史。

4.《人力资源社会保障部关于城镇企业职工基本养老保险关系转移接续若干问题的通知》（人社部规〔2016〕5 号）执行之日（2016 年 11 月 28 日）前，企业转入人员在原参保地一次性补缴社会保险超过 3 年（含 3 年），需提供对方社会保险经办机构出具的一次性补缴承诺书及相关补交材料。

5.《人力资源社会保障部关于城镇企业职工基本养老保险关系转移接续若干问题的通知》（人社部规〔2016〕5 号）执行之日（2016 年 11 月 28 日）后，企业转入人员在原参保地一次性补缴社会保险超过 3 年（含 3 年），须提供人民法院、审计部门、劳动保障监察行政部门或仲裁部门出具的证明补缴期间与用人单位存在劳动关系的法律文书。

四、经办风险点解析

1. 企业职工基本养老保险转机关事业单位职工基本养老保险：参见"第十二节　企业职工基本养老保险关系跨省转移"。

2. 机关事业单位职工基本养老保险转企业职工基本养老保险：参见"第十三节　机关事业单位基本养老保险（含职业年金）关系转移接续"。

第十五节　退役军人社会保险（含职业年金）关系转入

一、业务概述

"退役军人养老保险关系转入"，是指军人退出现役后，将其在部队服役期间缴纳的基本养老保险（含职业年金），从部队转入工作地（地方养老保险参保地）企业职工基本养老保险或机关事业单位职工基本养老保险。

二、文件依据

《关于军人退役基本养老保险关系转移接续有关

问题的通知》（后财〔2015〕1726号），从2014年10月1日起施行。

三、办理要件

1. 退役军人本人身份证。

2.《军人退役养老保险参保缴费凭证》。

3.《军人退役养老保险关系转移接续信息表》。

4.《军人职业年金缴费凭证》（机关事业单位安置人员提供）。

四、经办风险点解析

1. 办理此项业务应注意退役人员个人信息录入准确、完整。

2. 政府负责安置工作的退役士兵或士官，在待安置期间办理基本养老保险关系转移手续的，转入地社会保险经办机构可将其社会保险关系暂转入档案托管机构设立的"待安置退役人员"社会保险单位账户，并按规定继续缴纳基本养老保险费。安置后，将其基本养老保险关系转入具体用人单位，由用人单位为其办理基本养老保险缴费手续。

待安置期间社会保险经办机构应会同退役军人主管部门共同做好政策解释工作。

五、相关业务链接

1. 军人退出现役后参加城乡居民基本养老保险的，由安置地社会保险经办机构保持其军人退役基本养老保险关系并按规定计息。待达到企业职工基本养老保险法定退休年龄后，按照国家规定办理城乡居民基本养老保险制度衔接手续。

2. 军人退出现役后通过双向选择到企业工作的，用人单位办理增员手续后，应同时办理档案托管户减员手续。

第十六节　企业职工基本养老保险缴费历史维护

一、业务概述

"企业职工基本养老保险缴费历史维护业务"，是根据参保人员档案、养老保险手册和单位缴费台账等材料，对各地养老保险个人账户建账前未录入信息系统的缴费历史进行维护和建账后，对因系统原因导致的错误缴费历史进行维护。该项业务属社会保险经办机构内部业务。

二、文件依据

1.《中华人民共和国社会保险法》（中华人民共和国主席令第 35 号）。

2.《中华人民共和国社会保险法实施细则》（人力资源和社会保障部令第 13 号）。

三、办理要件

1. 职工档案。

2. 职工养老保险手册。

3. 单位缴费历史台账。

四、经办风险点解析

该项业务属高风险业务，社会保险经办机构应严格审核职工档案、养老保险手册和历史缴费台账，经两人以上认真核实并确认参保职工缴费历史，在系统中扫描相关材料并进行维护，杜绝在没有任何事实依据的情况下违规手工录入数据的现象，以免造成社保基金损失和其他严重后果。

第十七节 确认机关事业单位退休（职）人员养老保险缴费年限

一、业务概述

机关事业单位退休（职）人员养老保险缴费年限，是指根据机关事业单位养老保险政策的规定，对参加机关事业单位养老保险的人员的实际缴费年限和视同缴费年限进行认定，据以计发基本养老保险待遇的业务。审核依据为省政出台的《机关事业单位工作人员养老保险制度改革实施办法》及各地市印发的配套文件。机关事业单位参保职工符合退休条件，按规定办理退休（职）手续时，其基本养老保险缴费年限满15年的，退休后按月领取基本养老保险待遇。

2025年1月1日之后，按国家新的退休年龄和最低养老保险缴费年限相关规定执行。

二、文件依据

《山东省机关事业单位工作人员养老保险制度改革实施办法》及各地区相关配套文件。

三、办理要件

《机关事业单位退休（职）审批表》。

四、经办风险点解析

1. 严格按文件规定确认参保人员的养老保险实际缴费年限和视同缴费年限，其中：机关事业单位国家干部、固定工身份的工人和"民转公"教师，在参保地开展机关事业单位职工基本养老保险试点期间参加并缴纳了养老保险费的，2014年9月之前的工龄视同缴费年限，之后的缴费年限据实确认；合同制工人及其他人员的养老保险缴费年限据实确认。

2. 退出现役的军人，其军龄和在政策范围内的待分配时间（一年内）视同养老保险缴费年限（具体依各地政策规定执行）。

3. 从企业转入的机关事业单位工作人员，在企业工作期间缴纳的企业职工养老保险年限做为"实际缴费年限"，不做为"视同缴费年限"；在企业工作期间应缴未缴企业职工基本养老保险的年限，退休时不能视同养老保险缴费年限。

4. 机关事业单位工作人员在职期间受到刑事处分和行政开除公职处分的，其2014年9月及其以前的工作年限不能视同养老保险缴费年限，2014 年 10 月以后缴纳的机关事业单位职工基本养老保险应予保留。

五、相关附表

《退休（职）人员缴费基本情况核定确认表》。

退休（职）人员缴费基本情况核定确认表

姓名		性别		退休(职)审批年月	
个人编号			身份证号码		

养老	认定养老保险缴费起始年月	认定养老保险缴费终止年月	实际缴费年月数合计（含视同）	
			年　　　月	
	中断期间			
	经办人：	审核人：　　　年　　月　　日		

医疗	年月＼类别	起始年月	终止年月	中断年月	合计
	实际缴费情况				
	视同缴费情况				
	总合计	医疗缴费（含视同缴费）共　　　年　　　月			
	需补齐医疗保险缴费年限：　　年　　月，共计　　元。				
	需按1%补齐医疗保险缴费年限：　　年　　月，共计　　元。				
	备注：				
	是否享受退休医疗个人账户：是□　否□				
	经办人：	审核人：　　　年　　月　　日			

第十八节　省内企业职工基本养老保险归集

一、业务概述

"省内企业基本养老保险归集"，是指参保职工在省内多地工作并缴纳基本养老保险的，由待遇领取地社会保险经办机构发起，将各地缴纳的基本养老保险缴费历史及个人账户养老保险基金进行账户合并，归集一地计算基本养老保险待遇。

自 2021 年 12 月 31 日起，取消省内企业职工基本养老保险转移接续，在省内办理企业职工退休业务，或在职企业职工基本养老保险个人账户一次性支付，或参加企业职工基本养老保险人员因病或非因工死亡后遗属申领丧葬补助金和抚恤金支付业务的省内流动就业参保人员，由企业职工基本养老保险归集地社会保险经办机构办理归集，无需转移。

二、文件依据

1.《山东省人力资源和社会保障厅关于进一步规范企业职工基本养老保险有关政策的通知》（鲁

人社规〔2021〕4号）。

2.《山东省人力资源和社会保障厅关于印发〈山东省企业职工基本养老保险业务归集经办规程（试行）〉的通知》（鲁人社字〔2021〕162号）。

三、办理要件

参保人的拟退休时间、工作履历、参加工作日期、建账时间等在系统中有完备的准确记录。

办理流程如下：

1.预归集数据发起：审核各地缴费信息，各被归集地开启"归集数据整理"待办事项。

2.归集数据整理：各被归集地审核整理归集数据。

3.归集地审核：归集地开启待办事项或根据工作实际开启审核，对各被归集地数据整理信息进行审核确认，将确认后的信息进行标识，对于缴费信息不全、账户信息不准、缺少必要材料等审核不通过的情形，退回被归集地重新进行预归集数据整理。

四、经办风险点解析

1.社会保险经办机构在进行数据归集时应确认参保人员已完成退休预审批，参保人的拟退休时间、工作履历、参加工作日期、建账时间等在系统中有完备的准确记录。

2. 查询参保人员省内其他缴费，审核各地缴费信息，如有重复缴费需通知参保人员办理退费。

3. 参保人如有欠费情形，应告知参保人，并由欠费地通知参保人员补缴后再进行归集。

4. 原则上，以参保人员在省内的最后一个参保地作为其养老保险归集地；省内参保缴费期间曾有一次性补缴超过 3 年（含 3 年）的情况，且补缴地不能提供国家和省政策规定的补缴所需材料的，原补缴地作为归集地；按照鲁人社规〔2015〕29 号文件规定以个人身份办理一次性补缴的，原补缴地作为归集地。

特别提示如下：

1. 在实际工作中，尤其注意参保人是否在非待遇领取地发生的一次性补缴养老保险费 2 年 11 个月却没有法律文书的情况。待遇领取地社会保险经办机构应审查其补缴期间是否存在事实劳动关系，若不存在事实劳动关系却有补缴行为，不予归集并告知当事人处理意见，防止出现提前领取社保待遇的情况。

2. 注意排查分析参保人是否在异地劳务派遣机构或人力资源档案托管机构是否有虚构劳动关系一次性补缴社会保险费情况。

第十九节　机关事业单位职业年金征缴与归集

一、业务概述

"机关事业单位职业年金征缴与归集"，是指社会保险经办机构对缴纳机关事业单位保险的单位和个人，按与社会保险缴费同一基数，根据规定的缴费比例征收职业年金，并将账实匹配一致的单位和个人缴纳的职业年金基金最终全额划入省级归集账户的业务。

二、文件依据

1.《国务院办公厅关于印发机关事业单位职业年金办法的通知》（国办发〔2015〕18号）。

2.《人力资源社会保障部　财政部关于印发〈职业年金基金管理暂行办法〉的通知》（人社部发〔2016〕92号）。

3.《人力资源社会保障部办公厅　财政部办公厅关于印发〈职业年金基金归集账户管理暂行办法〉的通知》（人社厅发〔2017〕110号）。

三、办理要件

无。

四、经办风险点解析

1.机关事业单位需区分单位性质。

2.职业年金缴费基数与社保缴费基数一致。

3.社会保险经办机构业务科室、财务部门应认真审核并逐月与税务部（征收机构）对账，需做到账实一致。

4.参保职工职业年金归集、存储和待遇计算应符合国家政策规定。

第二十节　对参保单位执行社会保险政策情况进行稽核

一、业务概述

社会保险稽核是社会保险经办（征收）机构根据国家法律、法规规定的职责，对应依法参加社会保险的用人单位履行社会保险参保缴费义务情况实施稽核，并依法做出稽核结论。

　　社会保险稽核对象，为行政区域内应依法参加基本养老保险、失业保险和工伤保险中一项以上（含一项）的各类城镇企事业单位、机关单位、社会团体及有雇工的个体工商户。

　　稽核内容包括：（1）缴费单位和缴费个人申报的社会保险缴费人数、缴费基数是否符合国家规定；（2）缴费单位和缴费个人是否按时足额缴纳社会保险费；（3）欠缴社会保险费的单位和个人的补缴情况；（4）国家规定的或者劳动保障行政部门交办的其他稽核事项。

　　稽核方式：日常稽核、重点稽核和举报稽核。稽核可以采用现场检查也可以采用非现场检查，可以聘请会计事务所等第三方机构对社会保险基金收支、管理情况进行审计，或聘请专业人员协助开展检查。

二、文件依据

　　1.《中华人民共和国社会保险法》（中华人民共和国主席令第 35 号）。

　　2.《社会保险费征缴暂行条例》（中华人民共和国国务院令第 259 号）。

　　3.《社会保险登记管理暂行办法》（劳动和社会保障部令第 1 号）。

4.《社会保险费申报缴纳管理暂行办法》（劳动和社会保障部令第 2 号）。

5.《社会保险费征缴监督检查办法》（劳动和社会保障部令第 3 号）。

6.《关于工资总额组成的规定》（国家统计局令第 1 号）。

7.《中华人民共和国劳动和社会保障部社会保险事业管理中心关于规范社会保险缴费基数有关问题的通知》（劳社险中心函〔2006〕60 号）。

8.《社会保险稽核办法》（劳动和社会保障部令第 16 号）。

9.《关于进一步加强社会保险稽核工作的通知》（劳社部发〔2005〕4 号）。

10.《财政部、国家税务总局关于基本养老保险费、基本医疗保险费、失业保险费、住房公积金有关个人所得税政策的通知》（财税〔2006〕10 号）。

11.《社会保险基金行政监督办法》（人社部令第 48 号）。

12.《社会保险基金监督举报工作管理办法》（人社部令第 49 号）。

13.《社会保险经办条例》（中华人民共和国国

务院令第 765 号)。

三、办理要件

用人单位职工花名册、职工工资发放明细表、统计报表、社会保险缴费基数申报审核表、社会保险费代扣代缴明细表、单位代扣代缴个人所得税申报明细、会计凭证、会计账簿、会计报表等与缴纳社会保险费有关的资料；稽核人员要求提供的其他与稽核事项有关的资料。稽核人员可以记录、录音、录像、照相和复制与缴纳社会保险费有关的资料，对被稽核对象的参保情况和缴纳社会保险费等方面的情况进行调查、询问。

办理程序如下：

1. 应提前 3 日将进行稽核的有关内容、要求、方法和需要准备的资料等事项通知被稽核对象，特殊情况下的稽核也可以不事先通知。

2. 应有两名以上稽核人员共同进行，出示执行公务的证明，并向被稽核对象说明身份。

3. 对稽核情况应做笔录，笔录应当由稽核人员和被稽核单位法定代表人（或法定代表人委托的代理人）签名或盖章，被稽核单位法定代表人拒不签名或盖章的，应注明拒签原因。

4. 对于经稽核未发现违反法规行为的被稽核对象，社会保险经办机构应当在稽核结束后 5 个工作日内书面告知其稽核结果。

5. 发现被稽核对象在缴纳社会保险费或按规定参加社会保险等方面存在违反法规行为，要据实写出稽核意见书，并在稽核结束后 10 个工作日内交付被稽核对象，被稽核对象应在限定时间内予以改正。

被稽核单位少报、瞒报缴费基数和缴费人数的，在限定时间内又拒不执行《稽核意见书》处理意见的，或被稽核单位伪造、变造、故意销毁有关凭证的，送人力资源社会保障行政部门处理。

四、经办风险点解析

1. 审查参保对象提供材料是否完整、真实。

2. 参保对象申报缴费人数是否做到应保尽保。

3. 参保对象申报缴费工资是否准确、齐全（《中华人民共和国劳动和社会保障部社会保险事业管理中心关于规范社会保险缴费基数有关问题的通知》〔劳社险中心函〔2006〕60 号〕规定，凡是国家统计局有关文件没有明确规定不作为工资收入统计的项目，均应作为社会保险缴费基数）。

第二章　企业职工基本养老保险

第一节　企业退休人员养老待遇计算

一、业务概述

企业退休人员养老待遇计算业务，是根据相关养老保险经办政策和社会保险经办信息系统（社保业务平台）程序的具体要求，在认真审核确认参保人员参保情况、退休资格审批、个人信息的基础上，根据个人参保缴费年限、缴费基数高低、年龄大小、离退休条件等信息，利用社保业务平台程序中职工养老支付设定的程序，对参保人员退休（职）待遇进行审批、复核。它是企业职工养老保险新增退休（职）人员待遇正常发放的前提和基础。

二、文件依据

1.《山东省完善企业职工基本养老保险制度实施意见》（鲁政发〔2006〕92 号）。

2.《关于执行省政府鲁政发〔2006〕92 号文件有关问题的通知》（鲁劳社〔2006〕51 号）。

3.《山东省人力资源和社会保障厅关于全省全面启动使用社会保障卡发放养老金工作的通知》（鲁人社字〔2017〕178 号）。

4.《关于转发省人力资源和社会保障厅〈关于做好职工养老保险退休人员临时养老待遇计发工作的通知〉的通知》（鲁人社字〔2019〕77 号）。

5.《山东省人力资源和社会保障厅关于进一步规范企业职工基本养老保险有关政策的通知》（鲁人社规〔2021〕4 号）。

6.《山东省人力资源和社会保障厅　山东省财政厅　国家税务总局山东省税务局关于 2021 年社会保险缴费有关问题的通知》（鲁人社字〔2021〕18 号）。

三、办理要件

1.《企业职工基本养老保险参保人退休申报表》。

2.《企业职工在职转退休人员信息确认表》。

3.《退休（职）人员缴费基本情况核定确认表》。

4.《参保人员基本信息确认表》。

四、经办风险点解析

1.参保人员信息录入环节：须认真审核确认审批表中信息数据，确保录入信息准确完整。

2.计算数值检查：须认真检查社保业务平台程序计算内容，确保缴费年限、缴费指数准确无误。

3.退休人员基本养老保险待遇已经计发，不得更改，因计算错误确需更改的，社会保险经办机构应建立审查、审批制度，降低经办人为风险。

4.已办理退休减员人员不得进行恢复在职状态、补缴养老金操作；符合规定确需恢复在职状态、补缴养老金重新计发待遇的，社会保险经办机构应建立审查、审批制度，降低经办人为风险。

5.计算退休待遇前应对退休人员的待遇领取地是否是本地、养老保险缴费年限（含视同缴费年限）是否符合退休要求、退休审批年龄是否正确进行确认。

五、相关附表

1.《企业职工基本养老保险参保人退休申报表》。

2.《企业职工在职转退休人员信息确认表》。

3.《退休（职）人员缴费基本情况核定确认表》。

4.《参保人员基本信息确认表》。

1. 企业职工基本养老保险参保人退休申报表

单位编号：　　　　　　　　　　　　二级单位编号：
单位名称：　　　　　　　　　　　　社会保障号码：

姓名		性别		有效证件类型		有效证件号码	
档案出生时间		手机号码（必填）			通讯地址		
参加工作时间		女干部标志			岗位（女职工填写）		
用工形式		拟退休时间			是否军转干		
所属街道		所属社区			户口所在地		
退休类别	正常退休		〔　〕				
	特殊工种提前退休		〔　〕档案记载从事特殊工种				
	因病提前退休		〔　〕劳动能力鉴定文号　　，鉴定时间				
	退职		〔　〕劳动能力鉴定文号　　，鉴定时间				
工作经历							
起始年月	终止年月	单位名称	岗位	特殊工作经历类型		备注	
若无社保卡请填写	开户银行名称			银行账号			
本人意见情况			经办人：　　年　　月　　日				
单位意见	上述内容填写真实，若填写内容与实际情况不符，愿承担相关法律责任。经审核，若认定　　　　（退休人员姓名）符合退休条件，同意人社部门在其退休当月办理在职转退休手续。 　　　　　　　　　　　　　年　　月　　日						

2. 在职转退休个人信息确认表

打印于《退休（职）人员缴费基本情况核定确认表》背面

单位（或劳动事务代理机构）：

姓名		性别		身份证号码	
以下由本人或授权委托人填写并签字认可					
参加工作时间				开始缴纳养老保险时间	
是否有服兵役经历		1. 有，档案中材料完整□			2. 无□
是否有异地参保缴费历史		1. 有，缴费记录已转回□			2. 无□
有无服刑及劳动教养经历		1. 有，服刑起讫时间：			2. 无□
有无居民基本养老保险缴费		1. 有，申请转入职工养老保险□			2. 无□
是否有养老保险应缴未缴年限		1. 有，本人申请按规定补缴□			
		2. 有，本人放弃补缴□			
		3. 无□			
以上信息本人已认真阅读并确认，同意按国家社保规定处理并计发基本养老保险待遇。					

本人签字：　　　　　　时间：

托人签字：　　　　　　时间：

委托人身份证号码：

备注：

1. 根据国家规定，服兵役年限视同养老保险缴费年限，以原始档案记载确认；有服刑及劳动教养经历的，服刑期间的年限不能缴纳养老保险，已缴纳的，社会保险经办机构依规退还。

2. 确定待遇领取地为本市的，参保人员有其他地区缴费的，应在退休前办理养老保险转入手续。

3. 根据国家政策规定，领取失业金期间不允许缴纳养老保险，也不得事后补缴；除国有、县以上集体企业职工，养老保险最早允许缴费时间为 1998 年 1 月。

4. 本表仅用于确认参保职工养老保险个人权益。

3. 退休（职）人员缴费基本情况核定确认表

姓名		性别		退休（职）审批年月	
个人编号			身份证号码		

养老	认定养老保险缴费起始年月	认定养老保险缴费终止年月	实际缴费年月数合计（含视同）	
			年　　　月	
	经办人：		审核人：　　年　　月　　日	

医疗	年月 / 类别	起始年月	终止年月	中断年月	合计
	实际缴费情况				
	视同缴费情况				
	总合计	医疗缴费（含视同缴费）共　　　年　　　月			
	需补齐医疗保险缴费年限：　　年　　月，共计　　　元。				
	需按1%补齐医疗保险缴费年限：　　年　　月，共计　　　元。				
	备注：				
	是否享受退休医疗个人账户：是□　　否□				
	经办人：　　　　　　审核人：　　年　　月　　日				

4. 参保人员基本信息确认表

单位编号　　　　　　　　二级单位编号

单位名称

姓名		性别		身份证号码	
女干部标志		用工形式		军转干标志	
档案出生时间		出生日期		退休时间	
退休类别		参加工作日期		从事特殊工种年限及类别	
手机号码		通讯地址			
特殊工作经历					
起始年月	终止年月	单位名称	岗位	特殊工作经历类型	备注
人社部门审核意见	经审核,确认　　　　　　　　　（退休人员姓名） 　年　　月退休。 　　人社部门（章）：　　　　日期：				

第二节　养老待遇领取人员银行账号变更

一、业务概述

"养老待遇领取人员银行账号变更"，是根据《中华人民共和国社会保险法》第九章第七十四条的规定，对领取养老保险待遇人员因社保卡（银行卡）丢失、消磁等原因，换发社保卡（银行卡）后变更登记养老保险待遇发放账号的业务。

二、文件依据

1.《山东省人力资源和社会保障厅关于全面启动使用社会保障卡发放养老金工作的通知》（鲁人社字〔2017〕178 号）。

2. 各省、地区关于统一使用社会保障卡发放社会保险待遇的规定。

三、办理要件

1. 本人有效身份证件（居民身份证、社会保障卡、港澳台居民居住证、外国人居留证、外国人护照）、社保卡。

2. 委托他人办理的，同时提供受委托人的身份证原件。

四、经办风险点解析

1. 经办机构工作人员受理材料时，须认真审核所提供的证明材料是否完整、真实、准确、齐全，防止因录入的信息不准确、不完整而引起的发放错误等安全隐患。

2. 信息录入的时候，必须认真核对相关数据，确保录入的社保卡账号、代发机构、开户行名称准确完整。

3. 在办理信息更改业务时，若发现申请更改的信息系统中已存在，其应作为疑点信息及时上报进行核实，不得强行进行操作。

4. 申请不通过个人社保卡账户发放社保待遇的，应核定其是否不能或不具备办理社保卡的原因并做备案登记，防止重复领取社保待遇行为发生。

第三节　养老待遇领取人员银行账号封存 / 解封业务

一、业务概述

养老待遇领取人员银行账号封存 / 解封，是根据原山东省社会劳动保险事业处《关于能否协助法院扣留离退休人员养老金的批复》（鲁社险字〔2000〕1 号）的规定，参加企业职工养老保险社会统筹的离退休人员，因经济案件经当地人民法院判决承担经济赔偿责任，法院要求社会保险经办机构协助执行的，社会保险机构应予配合。离退休（职）人员养老金已由银行代发的，协助执行时可向法院提供该退休人员领取养老金的开户银行、账号、发放时间、发放金额等有关情况。退休人员养老金未划入代发银行个人账户前，根据《国务院关于深化企业职工养老保险制度改革的通知》（国发〔1995〕6 号）文件的规定，养老基金任何单位和个人不得挪作他用。

二、文件依据

《关于能否协助法院扣留离退休人员养老金的批复》（鲁社险字〔2000〕1号）。

三、办理要件

1. 法院经办人员的工作证件（不需要留存）。

2. 法院介绍信。

3. 法院协助执行通知书。

四、经办风险点解析

1. 社会保险经办机构受理材料时须认真审核所提供的证明材料是否完整、真实、准确、齐全，防止因操作不当而损害当事人的合法权益。

2. 工作人员信息录入时须认真核对相关数据，确保录入信息详细准确完整。

第四节　养老待遇领取人员基本信息变更

一、业务概述

养老待遇领取人员（企业单位离退休（职）、遗属人员）基本信息变更，是根据《中华人民共和国社会保险法》第九章第七十四条的规定，经参保人（待遇领取人）申请，社会保险经办机构审查认定，对领取基本养老保险待遇人员的基本信息进行变更，以安全、完整、准确记录参保人员的个人权益。

二、文件依据

《中华人民共和国社会保险法》（中华人民共和国主席令第 35 号）。

三、办理要件

1. 本人身份证原件。

2. 与更改内容相关的其他证明材料。

3.《企业离休、退休、退职、遗属人员待遇变更申报表》。

四、经办风险点解析

1. 工作人员受理材料时须认真审核所提供的证明材料是否完整、真实、准确、齐全，防止因录入信息不准确、不完整而导致数据错误。借助身份证读卡器等电子设备减少录入错误。

2. 参保职工修改姓名、身份证号码、出生日期的，需经社会保险经办机构主要负责人或经授权的分管负责人签字。

3.分析判断当事人个人信息修改理由是否充分、合理。

4.当事人申请同时更改姓名和身份证号码的，一般不得受理。确须修改的，应当由当事人提供详实材料，社会保险经办机构建立会审制度，集体审查决定。

5.受理业务时发现申请人申请变更的基本信息，如年龄、身份证号码、社保卡信息等与待遇审批时出入较大的，应作为疑点信息进行重点审查；经审查确定不具备或丧失领取养老保险待遇资格的，应立即终止待遇发放。对已发放的待遇，根据《中华人民共和国社会保险法》和《山东省人力资源和社会保障厅关于印发山东省追回违规领取社会保险待遇暂行办法的通知》（鲁人社发〔2023〕13号）进行立案处理。

五、相关附表

《企业离休、退休、退职、遗属人员待遇变更申报表》。

企业离休、退休、退职、遗属人员待遇变更申报表

单位名称：_____

姓名		性别		身份证号码		离退休年月	
本人申诉描述							
	申诉人			联系电话		申诉时间	
	代理人（无代理人不填）：			综合业务科／个人权益科科长签字：			
经办审批描述							
调整记录	原月发放（元）			月增（元）		调整后月发放（元）	
	补发期间			补发月数（个月）		补发金额（元）	

分管领导：_____ 科室负责人：_____

经办人员：_____ 经办时间：_____

说明：

1. 保留原信息、原待遇附后备查。

2. 社保经办人员初审材料认为诉求不合理，不填写此表。

3. 后附依据材料的复印件。

第五节　养老待遇领取人员待遇终止

一、业务概述

"养老待遇领取人员待遇终止"，是指社会保险经办机构根据社会保险法和社会保险经办规程相关规定，对养老待遇领取人员因死亡等原因丧失养老待遇领取资格后，按规定须终止支付养老保险待遇。

二、文件依据

1.《山东省劳动局关于贯彻执行〈国务院关于工人退休、退职的暂行办法〉的若干具体问题的处理意见（试行稿）》[（79）鲁劳薪便字第 11 号]。

2.《人力资源社会保障部办公厅关于因失踪被人民法院宣告死亡的离退休人员养老待遇问题的函》（人社厅函〔2010〕159 号）。

三、办理要件

1.离退休（职）人员的有效死亡证明（火化单、公安部门出具的户籍注销证明、法院判决书、医疗部门出具的医学死亡证明等）原件，优选医学死亡证明、

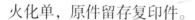

火化单，原件留存复印件。

2.《企业离、退休（职）人员、遗属人员死亡减员、待遇支付申报表》（社区加盖公章）。

3. 死者本人社保卡（或亲属提供的银行卡）复印件。

四、经办风险点解析

1. 社会保险经办机构须认真审核死亡日期及养老待遇发放情况，确认是否有多领取养老金情况，若有，应通知乡镇街道职责机构协助追回多领待遇，或从抚恤金和丧葬费中扣除多领的养老金，确保基金安全。

2. 退休人员的"减员日期""火化地点"，与其有效死亡证明上的信息必须一致。其账号状态必须正常。

3. 社会保险经办机构、乡镇街道、社区负责待遇领取人员资格认证的工作人员，发现因资格认证不及时而导致死亡人员继续领取社保待遇的，应及时暂停其待遇发放并及时采取措施，收回多发放的养老金；无法收回、冒领时间较长、数额较大的，按规定移交行政主管部门，根据《山东省追回违规领取社会保险待遇暂行办法》的规定，依法定程序追回冒领的养老金。

4. 乡镇街道社会保险职责机构指导申报人填写《养老待遇领取人员死亡减员、待遇支付申报表》，验看医学死亡证明、火化单原件，收取医学死亡证明、火化单复印件并加盖乡镇街道职责机构业务章。

五、相关附表

《企业离、退休（职）人员、遗属人员死亡减员、待遇支付申报表》。

企业离、退休（职）人员、遗属人员
死亡减员、待遇支付申报表

<table>
<tr>
<td rowspan="4">死者信息
（申报人填写）</td>
<td>姓名</td>
<td></td>
<td>性别</td>
<td></td>
<td>身份证号码</td>
<td></td>
</tr>
<tr>
<td>离退休类别</td>
<td colspan="3">□退休　　　　□退休遗属
□建国前老工人
□离休　　　　□离休遗属</td>
<td colspan="2"></td>
</tr>
<tr>
<td>火化日期</td>
<td></td>
<td>医学死亡日期</td>
<td colspan="3"></td>
</tr>
<tr>
<td colspan="2">收款人姓名</td>
<td colspan="2">收款人银行账号（一类卡）</td>
<td colspan="2"></td>
</tr>
<tr>
<td colspan="3">单位申报</td>
<td colspan="4">个人申报</td>
</tr>
<tr>
<td colspan="3">单位申报人：＿＿＿＿＿
联系电话：＿＿＿＿＿

　　申报人承诺收款人
　　　　信息正确

单位（盖章）：＿＿＿＿
申报时间：
　　　年　　月　　日</td>
<td colspan="4">经办遗属：＿＿＿＿＿
联系电话：＿＿＿＿＿
经办遗属身份证：＿＿＿＿

　　申报人承诺收款人信息正确

申报人身份证复印件粘贴处

经办遗属与死者关系：＿＿＿
申报时间：　　年　　月　　日</td>
</tr>
</table>

说明:

1. 本表一式两份,申报单位(个人)和社会保险经办机构各一份。

2. 社保经办人员查看死亡相关证明原件,留存复印件。

3. 收款人银行账号首选去世人员本人的社保卡账号;确实只能提供去世人员继承人银行账号的,需提供继承人的身份证、银行卡复印件及亲属关系证明(如结婚证、户口簿或村居社区开具证明)。

4. 当年退休并去世的退休人员,因当年待遇计发基数下发较晚,需待临时待遇转正式待遇后再进行计发遗属待遇。

5. 保证所提供银行账号一年内能正常使用。

第六节　养老待遇领取人员死亡后待遇计算、拨付业务

一、业务概述

养老待遇领取人员死亡后待遇计算、拨付业务，是根据养老保险经办相关政策和社会保险经办信息系统的具体要求，对企业单位离退休（职）、遗属人员终止享受养老待遇后，计算其遗属应享受抚恤金、丧葬费、个人账户继承额和依规扣回多发待遇。

二、文件依据

1.《中华人民共和国社会保险法》（中华人民共和国主席令第 35 号）。

2.《山东省人力资源和社会保障厅　山东省财政厅关于转发人社部〔2021〕18 号文件做好企业职工基本养老保险遗属待遇相关工作的通知》（鲁人社函〔2021〕109 号）。

三、办理要件

死亡医学证明、火化证明、去世人员社保卡、申报人身份证、填写《企业离、退休（职）人员、遗属人员死亡减员、待遇支付申报表》。

四、经办风险点解析

1. 社会保险经办机构工作人员须认真复核死亡日期及养老待遇发放情况，正确计算死亡人员应享受待遇，确认是否有多领取养老金情况。

2. 社会保险经办机构负责待遇领取人员资格认证的科室及其工作人员，发现因资格认证不及时等原因，导致死亡人员继续领取社保待遇的，应及时暂停其待遇发放并通知养老待遇科计算多领待遇数量。可以收回的，应及时采取措施收回多发放的养老金；无法收回的，应立即向分管领导汇报；冒领时间较长、数额较大的，按规定移交行政主管部门，根据《山东省追回违规领取社会保险待遇暂行办法》的规定，依法定程序追回冒领的养老金。

3. 待遇复核需认真核对个人账户余额计算修改情况。

| 第七节 | 企业职工基本养老保险参保人员因病或非因工死亡减员 |

一、业务概述

参加企业职工基本养老保险的人员，因病或非因工死亡后，社会保险经办机构应根据《中华人民共和国社会保险法》《关于参加企业职工基本养老保险人员因病或非因工死亡有关待遇纳入统筹的通知》（鲁人社办发〔2013〕92号）等相关政策的规定，在社会保险经办系统中进行减员操作。它是计算、支付参保职工有关死亡待遇的必需环节。

二、文件依据

1.《山东省人力资源和社会保障厅关于参加企业职工基本养老保险人员因病或非因工死亡有关待遇纳入统筹的通知》（鲁人社办发〔2013〕92号）。

2.《山东省人力资源和社会保障厅　山东省财政厅关于转发人社部〔2021〕18号文件做好企业职工

基本养老保险遗属待遇相关工作的通知》（鲁人社函〔2021〕109 号）。

三、办理要件

1.《参加企业职工基本养老保险人员因病或非因工死亡待遇申报表》，内容填写完整、正确，单位盖章。

2.参加企业职工基本养老保险人员的身份证、火化证明、医学死亡证明，查看原件，留存复印件。

3.死亡人员的劳动关系档案、养老保险缴费手册、服兵役档案（死亡人员无视同缴费年限或账户前缴费年限的可不提供）。

4.因工死亡人员附《工亡认定书》复印件。

5.收款人银行账号（需是一类卡）首选去世人员本人的银行账号；确实只能提供去世人员继承人银行账号的，需提供继承人的身份证、银行卡复印件及亲属关系证明（如结婚证、户口簿或村居社区开具的证明）。

四、经办风险点解析

1.社会保险经办机构应认真核对死亡人员的火化证明原件，确定逝者的姓名、身份证号码、死亡时间或火化时间等信息清晰无误。

2. 核实死亡人员的身份证信息。

3. 用人单位填写好《参加企业职工基本养老保险人员因病或非因工死亡待遇申报表》一式两份，信息完善加盖公章。

4. 死亡人员如有视同缴费年限，提醒单位或当事人家属到个人权益记录科维护年限。材料由柜员经办服务科留存并转后台养老待遇科。

5. 核对《死亡人员在职个人账户一次性缴费信息确认表》上的缴费年限，查看省内其他缴费是否已归集，如有省外养老缴费请申报单位或家属告知。

6. 确定《参加企业职工基本养老保险人员因病或非因工死亡待遇申报表》与减员对象的火化证明、身份证一致，并与申报人员核对是否在工亡、失业期间死亡。对材料不全的，一次性告知单位补充材料；材料齐全，留存材料，并做死亡减员。注意告知需保证死者本人社保卡两年内能正常使用。

7. 待遇领取地非本地的，应维护缴费历史后转移至待遇领取地，计算领取待遇。

第八节 养老保险参保人员因病或非因工死亡待遇计算拨付

一、业务概述

"参加企业职工基本养老保险人员因病或非因工死亡待遇计算",是指根据《中华人民共和国社会保险法》《关于参加企业职工基本养老保险人员因病或非因工死亡有关待遇纳入统筹的通知》(鲁人社办发〔2013〕92号)等相关政策的规定,对参加企业职工基本养老保险、未达到按月领取基本养老金条件时发生因病非因工死亡的人员,社会保险经办机构为其计算、支付有关死亡待遇。

二、文件依据

1.《山东省人力资源和社会保障厅 山东省财政厅关于参加企业职工基本养老保险人员因病或非因工死亡有关待遇纳入统筹的通知》(鲁人社办发〔2013〕92号)。

2.《山东省人力资源和社会保障厅 山东省财政

厅关于转发人社部〔2021〕18号文件做好企业职工基本养老保险遗属待遇相关工作的通知》（鲁人社函〔2021〕109号）。

三、办理要件

1.《参加企业职工基本养老保险人员因病或非因工死亡待遇申报表》，内容填写完整、正确，单位盖章。

2. 参加企业职工基本养老保险人员的身份证、火化证明、医学死亡证明，查看原件，留存复印件。

3. 死亡人员的劳动关系档案、养老保险缴费手册、服兵役档案（死亡人员无视同缴费年限或账户前缴费年限的可不提供）。

4. 因工死亡人员附《工亡认定书》复印件。

5. 收款人银行账号（需是一类卡）首选去世人员本人的银行账号；确实只能提供去世人员继承人银行账号的，需提供继承人的身份证、银行卡复印件及亲属关系证明(如结婚证、户口簿或村居社区开具的证明)。

四、经办风险点解析

1. 2021年9月1日（含）之后死亡的在职参保人员，其遗属待遇领取地为最后养老保险关系所在地（含临时基本养老保险缴费账户所在地），最后养老保险关系所在地社会保险经办机构支付相关遗属待遇。

2. 核对死亡人员的火化证明原件，确定死者的姓名、身份证号码、死亡时间或火化时间等信息清晰无误。确认单位已为死者办理了减员或中断手续。

3. 核对死亡人员的身份证信息。

4. 用人单位填写好《参加企业职工基本养老保险人员因病或非因工死亡待遇申报表》一式两份，信息完善加盖公章。

5. 与负责工伤认定的科室工伤保险科核对是否存在工亡，与负责核对此人是否处于失业状态。

6. 丧葬补助费、一次性救济费从 2011 年 7 月 1 日起纳入社保基金统筹，2011 年 6 月 30 日前并未纳入统筹。个人账户个人缴费部分返还一直由社保基金支付。

第九节　职工基本养老保险个人账户余额一次性待遇申领

一、业务概述

"职工基本养老保险个人账户余额一次性待遇申

领"，是指社会保险经办机构根据《实施〈中华人民共和国社会保险法〉若干规定》（人力资源社会保障部令第 13 号）第一章第三条、第六条的规定，对参加职工基本养老保险的个人，达到法定退休年龄后，累计缴费不足十五年（含依照第二条规定延长缴费），且未转入新型农村社会养老保险或者城镇居民社会养老保险的，经参保人个人书面申请，终止职工基本养老保险关系（丧失中华人民共和国国籍的，可以在其离境时或者离境后书面申请终止职工基本养老保险关系），将个人账户储存额一次性支付给本人。

《中华人民共和国社会保险法》第二章第十四条规定：个人账户不得提前支取，记账利率不得低于银行定期存款利率，免征利息税。个人死亡的，个人账户余额可以继承。

二、文件依据

1.《中华人民共和国社会保险法》（中华人民共和国主席令第 35 号）。

2.《实施〈中华人民共和国社会保险法〉若干规定》（人力资源社会保障部令第 13 号）。

3.《劳动部办公厅关于印发〈职工基本养老保险个人账户管理暂行办法〉的通知》（劳办发〔1997〕

116 号）。

三、办理要件

死亡人员：

1. 死亡人员身份证原件或复印件。

2. 医学死亡证明原件或复印件。

3. 火化证原件或复印件。

4. 死亡人员社保卡原件或复印件。

5. 申请人身份证原件或复印件。

6.《企业离、退休（职）人员、遗属人员死亡减员、待遇支付申报表》。

7.《参加企业职工基本养老保险人员因病或非因工死亡待遇申报表》。

终止职工基本养老保险关系人员：

1. 外国国籍证明。

2. 达到法定退休年龄后参保人员身份证。

3. 已在外地享受养老待遇证明。

4.《基本养老保险个人账户一次性支付申请表》。

以上材料根据实际业务按需查看，扫描原件，留存复印件。

在实际经办过程中，去世人员的个人账户余额返还，"第六节　养老待遇领取人员死亡后待遇计算、

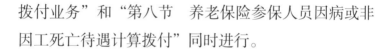

拨付业务"和"第八节 养老保险参保人员因病或非因工死亡待遇计算拨付"同时进行。

四、经办风险点解析

1. 社会保险经办机构受理业务时应认真核实申请材料，是否符合办理条件。

2. 对于符合终止职工基本养老保险关系的人员，在社会保险经办信息系统中办理"减员"的时候，"减员原因"要选择"职工退保"。

3. 对于符合终止职工基本养老保险关系的人员，社会保险经办机构收到申请后，应当书面告知其保留个人账户的权利以及终止职工基本养老保险关系的后果，经本人书面确认后，终止其职工基本养老保险关系，并将个人账户储存额一次性支付给本人。

五、相关附表

1.《企业离、退休（职）人员、遗属人员死亡减员、待遇支付申报表》（企业离、退休（职）去世人员适用）。

2.《参加企业职工基本养老保险人员因病或非因工死亡待遇申报表》（企业因病非因工在职去世人员适用）。

3.《基本养老保险个人账户一次性支付申请表》（终止职工基本养保险老关系人员适用）。

1. 企业离、退休（职）人员、遗属人员
死亡减员、待遇支付申报表

死者信息（申报人填写）	姓名		性别		身份证号码	
	离退休类别	□退休　　　　　□退休遗属 □建国前老工人 □离休　　　　　□离休遗属				
	火化日期		医学死亡日期			
收款人姓名			收款人银行账号（一类卡）			

单位申报	个人申报
单位申报人：_____ 联系电话：_____ 　　申报人承诺收款人 　　信息正确 单位（盖章）：_____ 申报时间： 　　年　　月　　日	经办遗属：_____ 联系电话：_____ 经办遗属身份证：_____ 　申报人承诺收款人信息正确 　申报人身份证复印件粘贴处 经办遗属与死者关系：_____ 申报时间：　年　月　日

说明：

1. 本表一式两份，申报单位（个人）和社会保险经办机构各一份。

2. 社保经办人员查看死亡相关证明原件，留存复印件。

3. 收款人银行账号首选去世人员本人的社保卡账号；确实只能提供去世人员继承人银行账号的，需提供继承人的身份证、银行卡复印件及亲属关系证明（如结婚证、户口簿或村居社区开具证明）。

4. 当年退休并去世的退休人员，因当年待遇计发基数下发较晚，需待临时待遇转正式待遇后再进行计发遗属待遇。

5. 保证所提供银行账号一年内能正常使用。

2.参加企业职工基本养老保险人员
因病或非因工死亡待遇申报表

单位名称：

姓名		性别		参加工作时间	
身份证号码			是否服兵役		
在外地是否参保			具体参保地		
养老保险缴费年限核定	养老保险实际缴费年限：自 年 月至 年 月计 年 月				
	养老保险视同缴费年限：自 年 月至 年 月计 年 月				
	养老保险累计缴费年限合计： 年 月				
	社会保险经办机构审核人： 审核日期：				
申报单位	收款人姓名		收款人身份证号		
	收款人电话		收款人银行账号（一类卡）		
	收款人与死亡人员关系		单位或居委会名称		
	收款人详细地址				
	该同志为（ ）死亡,情况属实,银行账号正确。单位：（盖章） 经办人（签章）： 经办人联系电话（必填）： 年 月 日				

说明：1.本表一式两份,申报单位和社会保险经办机构各一份。
2.保证所提供银行账号一年内能正常使用。

需　知

　　企业职工基本养老保险人员因病或非因工死亡的遗属待遇领取地为最后养老保险关系所在地（含临时基本养老保险费账户所在地）。请报最后养老保险关系所在地社会保险经办机构支付相关遗属待遇。

　　最后养老保险关系所在地为我处的，办理流程如下：

　　1. 若缴费存在多缴、欠缴、缓缴、省外缴费未转移等情形的，请先处理好相关保险业务后，再进行企业职工基本养老保险人员因病或非因工死亡待遇申报。

　　2. 单位携带《参加企业职工基本养老保险人员因病或非因工死亡待遇申报表》及完整的劳动关系档案（包含养老保险缴费手册或服兵役档案）至个人权益科进行养老保险缴费年限认定。在外地有参保缴费的，请务必填表时注明。

　　3. 缴费年限认定后，单位携遗属提供的以下材料报送至人社局综合服务大厅：

　　（1）参加企业职工基本养老保险人员的身份证、火化证明、医学死亡证明，查看原件，留存复印件；

　　（2）因工死亡人员附《工亡认定书》复印件；

　　（3）收款人银行账号（需是一类卡）首选去世人员本人的银行账号；确实只能提供去世人员继承人银行账号的，需提供继承人的身份证、银行卡复印件及亲属关系证明（如结婚证、户口簿或村居社区开具的证明）；

　　（4）加盖公章的《参加企业职工基本养老保险人员因病或非因工死亡待遇申报表》，要求内容真实准确。

3.基本养老保险个人账户一次性支付申请表

单位名称（公章）：

职工姓名		身份证号码（护照号码）	
一次性支付类别	□出国定居	□其他	原因：
支付方式	□本人银行账号（一类卡）	卡号：	
	□单位方向	银行户名	
		账号：	发放银行：

本人书面申请：

　　因本人已在＿＿＿＿＿＿＿＿＿＿办理了＿＿＿＿＿＿退休手续（出国定居并取得居住国国籍），享受＿＿＿＿＿＿＿养老待遇，无法转移养老保险，申请清退××市职工基本养老保险个人账户。（缴费年限＿＿＿＿＿＿，合计＿＿＿年＿＿＿月，其中，＿＿＿＿＿＿＿＿＿为视同缴费年限）

　　　　　　　　　　　　　　申请人（签字按手印）：

申请人联系电话		与被申请人关系	
申请人证件号码		申请时间	年　　月　　日

办理事项告知：

　　根据《中华人民共和国社会保险法》《实施中华人民共和国社会保险法若干规定》（人社部令第13号）及有关规定，现就达到法定退休年龄缴费不满15年终止保险关系申请一次性支付养老保险个人账户储蓄额有关事项告知如下：

　　参加职工基本养老保险的个人达到法定退休年龄时，累计缴费不足十五年的，可以延长缴费至满十五年。社会保险法实施前参保、延长缴费五年后仍不足十五年的，可以一次性缴费至满十五年办理退休。也可以申请将个人账户储存额转入户籍所在地新型农村社会养老保险或者城镇居民社会养老保险，享受相应的基本养老保险待遇。放弃补缴或无法转移的可以申请终止职工基本养老保险关系。

　　个人在达到法定的领取基本养老金条件前离境定居的，其个人账户予以保留，达到法定领取条件时，按照国家规定享受相应的基本养老保险待遇。其中，丧失中华人民共和国国籍的，可以在其离境时或者离境后书面申请终止职工基本养老保险关系。终止职工基本养老保险关系后，个人账户储存额一次性支付给本人。

　　　　　　　　　　　　　　　××市社会保险事业中心

申请人已了解上述告知事项并签字确定：

　　　　　　　　　　　　　　　年　　　月　　　日

第十节　企业离退休遗属人员新增登记

一、业务概述

企业离退休遗属新增登记，是社会保险经办机构根据企业职工养老保险相关政策的规定，对参加企业职工基本养老保险（包括各类企业、民办非企业组织、个体工商户、灵活就业人员和自由职业者等）的退休人员死亡后，对其生前供养的直系亲属办理遗属新增登记、遗属人员基本信息维护、待遇审批及待遇复核。

二、文件依据

1.《山东省劳动和社会保障厅　山东省财政厅关于将企业退休人员遗属补助纳入社会统筹有关问题的通知》（鲁劳社〔2008〕54号）。

2.《山东省人力资源和社会保障厅 山东省财政厅关于转发人社部〔2021〕18号文件做好企业职工基本养老保险遗属待遇相关工作的通知》（鲁人社函〔2021〕109号）。

3.各地区制定的其他相关文件。

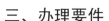

三、办理要件

1.《企业退休人员遗属补助审批表》原件一份。

2. 本人社保卡复印件。

3. 单位或个人填写的《企业离退休人员遗属领取定期生活困难补助监护人责任协议书》。

四、经办风险点解析

1. 信息录入时必须认真审核相关表格中数据，确保录入信息准确完整，确保待遇录入正确。

2. 依规审核确认退休遗属身份及符合享受待遇条件。

五、相关附表

1.《××市企业退休人员遗属补助审批表》。

2.《企业离退休人员遗属领取定期生活困难补助监护人责任协议书》。

1.××市企业退休人员遗属补助审批表

申报单位：　　　　　　　　申报时间：　　年　　月　　日

供养亲属关系	姓名	性别	年龄	身份证号码	亲属关系	职业	是否孤寡	劳动能力	照片
	住址				联系方式				
企业退休人员情况	姓名			性别			退休种类		
	退休时间			去世时间			身份证号码		
	申报单位意见（公章） 　　年　　月　　日					人力资源和社会保障部门意见（公章） 　　年　　月　　日			

备注：本表一式三份，人社局、经办机构、退休人员单位各一份。

2. 企业离退休人员遗属领取定期生活困难补助监护人责任协议书

离退休人员遗属：_____ 身份证号码：_____

家庭住址：_____

联系电话：_____ ；邮政编码：_____

甲方：××市社会保险事业中心

乙方：离退休人员遗属委托的责任监护人

1. 姓名：_____ 身份证号码：_____

与待遇享受人关系：_____

工作单位：_____ 联系电话：_____

家庭住址：_____

2. 姓名：_____ 身份证号码：_____

与待遇享受人关系：_____

工作单位：_____ 联系电话：_____

家庭住址：_____

一、甲方依法保证乙方委托人每月 20 日后到代发银行领取定期生活困难补助，乙方或其委托人银行账号、联系电话、家庭住址、通讯地址等基本信息发生变更时，须及时通知甲方。

二、甲方按国家有关政策规定对乙方委托人进行领取生活困难补助资格认证，乙方委托人须通过微信按规定及时进行定期认证。乙方或其委托人，在甲方不能确认领取资格的，甲方暂停发放乙方委托人的定期生活困难补助。待认证后，视情况恢复发放。

三、乙方委托人丧失领取定期生活困难补助资格后，乙方须在 30 日内向甲方报告。因乙方上报不及时，发生此待遇被冒领的问题，乙方负责 60 日内偿还冒领的金额。乙方不及时偿还冒领的金额，甲方有权通知乙方所在的单位或代发（基本养老金）银行给予扣缴，乙方拒不偿还冒领的金额，已构成诈骗公私财务罪，甲方将乙方移交司法机关，视冒领数额情况，根据《刑法》第 266 条追究相应法律责任。

　　如对上述内容已完全知晓，责任监护人签字并留存"居民身份证"复印件。依托单位或社区盖章：单位或社区确认签约信息正确并协调处理后续事宜。（盖章）

甲方：××市社会保险事业中心　　乙方：委托的担保人

（签字按手印）（盖章）

1：＿＿＿＿＿＿＿

2：＿＿＿＿＿＿＿

联系电话：

年　　　月　　　日

第十一节　企业职工养老待遇领取人员待遇调整

一、业务概述

"企业职工养老待遇领取人员待遇调整"，是指社会保险经办机构根据国家相关文件的规定，对享受企业职工养老待遇的离退休人员、退职人员、按月领取遗属生活困难补助人员，按照规定的条件、范围和标准，提高养老保险待遇的业务。

二、文件依据

各年度上级下发的有关待遇调整的文件。

三、经办风险点解析

1.待遇调整完成后，应随机挑选多名各类待遇享受人员，检查待遇调整是否落实。

2.注意不同类别人员的不同调整方式和调整标准，分别检查退休、离休、建国前老工人、五七工、29号文补缴、军转干部、幼师的调整情况。注意离休、建国前老工人待遇调整是否纳入"1—2月生活补贴"。

3.注意核实退休（职）人员生存信息，对待遇调整当年死亡人员，要单独调整补发。

第十二节　企业职工养老待遇领取人员保险待遇社会化发放

一、业务概述

"企业单位离退休（职）人员养老待遇社会化发放"，是指社会保险经办机构根据社会保险基金财务制度的规定，通过在国有商业银行开立养老保险基金支出户，按月通过参保人员社会保障卡发放养老金。

二、文件依据

1.《国务院办公厅关于进一步做好国有企业下岗职工基本生活保障和企业离退休人员养老金发放工作有关问题的通知》（国办发〔1999〕10号）。

2.《劳动和社会保障部关于加快实行养老金社会化发放的通知》（劳社部发〔2000〕9号）。

3.《劳动和社会保障部办公厅关于进一步规范基本养老金社会化发放工作的通知》（劳社厅发〔2001〕

8 号）。

4.《劳动和社会保障部办公厅关于对扣发离退休人员基本养老金抵偿债务的复函》（劳社厅函〔2002〕27 号）。

5.《人力资源和社会保障部办公厅关于因失踪被人民法院宣告死亡的离退休人员养老待遇问题的函》（人社厅函〔2010〕159 号）。

6.《人力资源和社会保障部社会保险事业管理中心关于认真做好免收基本养老金异地取现手续费规定落实工作的通知》（人社险中心函〔2014〕21 号）。

7.《国家发展改革委中国银监会关于印发商业银行服务政府指导价政府定价目录的通知》（发改价格〔2014〕268 号）。

8.《人力资源和社会保障部办公厅关于贯彻落实免收基本养老金商业银行本行异地取现手续费规定的通知》（人社厅函〔2014〕235 号）。

9.《山东省社会保险事业局〈关于进一步做好异地居住离退休人员领取养老金免收手续费工作〉的通知》（鲁社保发〔2013〕28 号）。

10.《关于全面启动使用社会保障卡发放养老金工作的通知》（鲁人社字〔2017〕178 号）。

11.《关于进一步规范企业职工基本养老保险有关政策的通知》（鲁人社规〔2021〕4 号）。

12.《社会保险经办条例》（国务院令第 765 号）。

三、办理要件

参保人社保卡银行账号（经办系统直接提取）。

四、经办风险点解析

1. 每月发放前，社会保险经办机构待遇核发部门、财务部门认真比对当月发放数据与上月发放数据差异及变动情况，保证养老待遇发放数据正确无误。

2. 有下列情形之一的，暂停发放社会养老保险待遇：

一是没有通过资格认证的。

二是社会养老保险待遇领取人员在被判刑收监执行或被劳动教养期间的。

三是离退休（职）、遗属等领取社会养老保险待遇人员，下落不明超过 6 个月，或其利害关系人申报失踪或户口登记机关暂时注销其户口的。

四是法律、法规规定的其他情形。

3. 有下列情形之一的，终止发放社会养老保险待遇：

一是领取社会养老保险待遇人员死亡的，次月起终止待遇发放（多发放的应予收回）。

二是领取城镇职工社会养老保险遗属待遇的子女，在其年满16周岁（丧失劳动能力，经劳动能力鉴定按规定允许继续发放的除外）或在全日制普通中学、职业中专毕业后的次月起终止待遇发放。

三是法律、法规规定的其他情形。

4. 对弄虚作假违规办理离退休手续的人员，查实后社会保险经办机构应立即停发基本养老金，对已发放的养老待遇限期收回。

5. 离退休人员死亡后，其亲属或他人冒领基本养老金的，社会保险经办机构应责令冒领者退还全部冒领金额，人力资源和社会保障行政部门依法给予处罚；情节严重的，应移交司法机关处理。

6. 企业离退休人员养老保险待遇应尽量通过社保卡发放。

7. 各地社会保险经办机构应按照原劳动和社会保障部《劳动和社会保险管理信息系统建设规划要点》（劳社部函〔1998〕138号）和《城镇基本养老保险管理信息系统建设实施纲要（1999—2001年）》（劳社厅函〔1999〕67号）的要求，尽快建立健全离退休人员养老保险数据库，加强数据库的日常管理和维护，及时准确地为社会服务机构和离退休人员提供服务。

第十三节　退休人员养老待遇计算和发放业务

一、业务概述

"企业退休人员养老待遇计算和发放业务"，是指社会保险经办机构根据相关养老保险经办政策和社会保险经办信息系统的具体要求，在认真审核确认参保人员参保情况、退休资格审批、个人信息的基础上，准确维护参保人缴费年限、缴费基数高低、年龄大小、离退休条件等信息，依规计算并发放养老保险待遇。

二、文件依据

1.《山东省完善企业职工基本养老保险制度实施意见》（鲁政发〔2006〕92号）。

2.《关于执行省政府鲁政发〔2006〕92号文件有关问题的通知》（鲁劳社〔2006〕51号）。

3.《关于全面启动使用社会保障卡发放养老金工

作的通知》（鲁人社字〔2017〕178号）。

4.《山东省人力资源和社会保障厅关于做好职工养老保险退休人员临时养老待遇计发工作的通知》（鲁人社字〔2019〕77号）。

5.《山东省人力资源和社会保障厅关于进一步规范企业职工基本养老保险有关政策的通知》（鲁人社规〔2021〕4号）。

6.《山东省人力资源和社会保障厅　山东省财政厅　国家税务总局山东省税务局关于2021年社会保险缴费有关问题的通知》（鲁人社字〔2021〕18号）。

三、办理要件

1.职工档案。

2.身份证复印件一份。

3.《企业职工基本养老保险参保人退休申报表》两份。

4.社保卡复印件一份。

5.《企业职工在职转退休人员信息确认表》（表中需要确认的"是否有无"内容，由单位填写，并经本人签字确认）一份。

6.一寸彩色照片两张（登记卡、退休证各一张）。

7.《退休（职）人员缴费基本情况核定确认表》一份。

8.《参保人员基本信息确认表》三份。

四、经办风险点解析

1. 社会保险经办机构负责养老待遇计算的科室，应认真核对上述材料，对退休批复是否正确、对前期流转过程中产生的各种情形进行复核，对因此而不能进行养老待遇计算的返还相关部门（科室）并全面告知。

2. 退休人员养老保险待遇已经计发，不得更改；因计算错误确需更改的，负责待遇计算的科室负责人应说明情况，经分管负责人同意后进行，同时留存说明材料形成档案备查。

3. 已办理退休减员人员不得进行恢复在职状态；因补缴养老金等符合规定，确需恢复在职状态、补缴养老金并重新计发待遇的，科室负责人须报分管负责人，经社会保险经办机构办公会专题研究决定。

第十四节　待遇领取资格认证

一、业务概述

待遇领取资格认证（以下简称"资格认证"），是指社会保险经办机构每年根据社会保险法的规定，对参保人是否具备继续领取养老保险待遇资格进行核实和认定。

资格认证对象：参加城镇职工基本养老保险并按月领取养老金的企业离退休（职）职工、遗属待遇领取人员；机关事业单位退休（职）职工；按月领取城乡居民基本养老保险基础养老金的人员；按月领取工伤保险待遇的一级至四级工伤职工及供养亲属。

领取社会保险待遇人员认证有效期为十二个月，一个认证有效期，领取待遇人员至少需要通过认证一次。

二、文件依据

1.《中共中央办公厅　国务院办公厅关于转发劳动和社会保障部等部门关于积极推进企业退休人员社

会化管理服务工作的意见的通知》（中办发〔2003〕16号）。

2.《关于积极推进企业退休人员社会化管理服务工作的通知》（劳社险中心函〔2002〕35号）。

3.进一步做好领取社会保险待遇资格认证工作的通知（鲁社保函〔2019〕56号）。

4.中共中央办公厅、国务院办公厅印发《关于国有企业退休人员社会化管理的指导意见》的通知（厅字〔2019〕19号）。

5.《人力资源社会保障部关于印发〈城乡居民基本养老保险经办规程〉的通知》（人社部发〔2019〕84号）。

6.《山东省工伤保险经办业务流程（试行）》（鲁社保发〔2006〕50号）。

7.《社会保险经办条例》（中华人民共和国国务院令第765号）。

三、办理要件

目前各地基本实现领取社保待遇人员生存状况自助认证，通过手机可实现自助认证：人社部"掌上12333" App，"服务"—"社会保障"—"待遇资格认证"；微信或支付宝的"电子社保卡"小程序，

"全国服务"—"社保待遇资格认证";"爱山东"等其他政务服务 App 或小程序等。社会保险经办机构也基本实现通过大数据比对"静默认证";本地退休异地居住人员及一级至四级工伤职工和工亡遗属、协助认证的本地居住异地退休人员及一级至四级工伤职工和工亡遗属,需提供《异地居住人员领取社会保险待遇资格协助认证表》,通过居住地社会保险经办机构协助认证。

四、经办风险点解析

1. 社会保险经办机构应与公安、民政、医保、医院、交通等相关部门保持数据共享,及时掌握各类信息,及时比对,以确保社保基金的安全完整。

2. 社会保险经办机构对认证没有通过的离退休人员信息及时做出暂停发放待遇处理。

3. 发挥镇街区职责机构、社区作用,对认证没有通过的待遇领取人员及时作出待遇暂停申报,社会保险经办机构及时复核并作出待遇暂停处理。

4. 待遇暂停人员具备待遇领取资格时,社会保险经办机构应及时恢复养老金发放,并计发、补发待遇暂停期间应发放的待遇。

5. 居民养老待遇暂停人员重新具备待遇领取资格

时，镇街区职责机构、社区及时作出待遇恢复申报，社会保险经办机构应及时复核待遇恢复，对于符合补发条件的人员，足额补发待遇。

6.通过微信支付宝认证或手机 App 认证的，采取动态视频方式进行比对。

7.失联人员由负责资格认证的单位、乡镇街道、社区（村居）查找，社会保险经办机构可通过大数据进行查找，失联超过 6 个月的暂停待遇领取资格。

8.实行零报告制度当月没发生待遇领取人员死亡的，村（居）协办员次月 5 日前也必须上报"零死亡"月报告。

五、相关附表

1.《异地居住人员领取社会保险待遇资格协助认证表》。

2.《退休人员待遇暂停》。

3.《工伤职工及工亡供养亲属享受工伤待遇资格认证表（本地）》。

4.《异地居住工伤职工、供养亲属待遇资格协助认证表》。

1.异地居住人员领取社会保险待遇资格协助认证表

同志：

您好！根据劳社厅发〔2004〕8号文件《劳动和社会保障部办公厅关于对异地居住退休人员进行领取养老金资格协助认证工作的通知》的规定，请本人携带（离）身份证、本人近期二寸免冠照片，到当地有关部门协助认证。

谢谢合作，祝您身体健康！

离退休人员基本情况表（本人填写）					
姓名		性别		联系电话	
身份证号码				离退休时间	
离退休单位					
居住地详细地址				邮政编码	
投奔人				与本人关系	
离退休人员居住地有关部门协助认证情况（认证机构填写）					
认证结果	居住地街道社区意见	联系电话：　　年　月　　日			请将公章盖在照片上
					贴照片处
	协助认证的社会保险经办机构意见				请将公章盖在照片上
		联系电话：　　年　月　　日			

说明：1.此表请用钢笔或签字笔填写，不得涂改和伪造。2.协助认证机构指离退休人员居住地县（区）级以上社会保险经办机构，每年12月31日前寄回。逾期将暂停发放养老待遇。

2.退休人员待遇暂停

（□机关事业　□企业　□居民养老）

×× 市社保中心：

　　　　系我辖内退休人员，身份证号码为，因
原因，特申请自　　年　　月起：待遇暂停。

经办人：　　　　　　　　　受理人：

负责人（公章）：　　　　　复核人：

　　年　　月　　日　　　　　年　　月　　日

3. 工伤职工及工亡供养亲属享受工伤待遇资格认证表（本地）

主管部门：（盖章）　　　　　　　　　　　单位：（盖章）

项目\姓名	性别	身份证号码	长期居住地址	联系电话	本人签字	指纹	单位认证结果 符合（不符合）	单位认证时间	备注

单位经办人：　　　　　　　　联系电话：　　　　　　　　负责人：　　　　　　　　上报时间：

备注：享受待遇资格认证每年度一次，超过时限将暂停发放工伤保险待遇。工伤保险科电话：

4.××市异地居住工伤职工、供养亲属待遇资格协助认证表

<table>
<tr><td rowspan="5">人员信息</td><td>姓名</td><td></td><td>性别</td><td></td><td rowspan="3">本人近期二寸免冠照片</td></tr>
<tr><td>身份证号码</td><td colspan="3"></td></tr>
<tr><td>人员类别</td><td>工伤职工、供养亲属（按类别划√）</td><td>联系电话</td><td></td></tr>
<tr><td>单位名称</td><td colspan="4"></td></tr>
<tr><td>居住地详细住址</td><td colspan="4"></td></tr>
<tr><td rowspan="2">居住地社区认证情况</td><td>该人员认证情况为：

经办人：
联系电话：
  协助认证机构（盖公章）
   年   月   日</td><td colspan="2" rowspan="2">协助认证的社会保险经办机构意见</td><td colspan="2">该人员认证情况为：

经办人：
联系电话：
协助认证机构（盖公章）
  年   月   日</td></tr>
</table>

填表说明：

1. 此表应填写完整，否则不予办理。

2. 协助认证机构应为居住地社区和居住地县（市区）级社保经办部门。

3. 需本人持身份证到居住地社区和居住地县（市区）级社保经办部门办理。

4. 享受待遇资格认证每年度一次，请将此表填写清楚后连同身份证复印件于每年协助认证后寄回原工作单位，单位报镇街区职责机构，镇街区职责机构报社保工伤科。年度内不认证将暂停发放工伤保险待遇。

第十五节　待遇领取人员社区化管理服务

一、业务概述

根据《中共中央办公厅、国务院办公厅关于转发劳动和社会保障部等部门〈关于积极推进企业退休人员社会化管理服务工作的意见〉的通知》要求，各地应切实推进退休人员社会化管理服务工作，实行领取社会保险待遇社区化管理服务。

社区化管理服务是指企业职工退休（其他领取社会保险待遇人员开始享受待遇）后，其管理服务工作与原单位相分离，待遇实行社会化发放，人事档案（企业职工）移交镇街区集中管理，人员移交镇街区和社区实行属地管理，由镇街区、社区依据服务职责与业务下沉事项提供相应管理服务工作。

领取社会保险待遇人员包括：企业离退休（职）职工、企业遗属、机关事业退休（职）职工、享受居民养老待遇、领取工伤一级至四级伤残津贴待遇人员、下放到居住地管理的国有企业退休（职）人员，其他符合社区化管理服务人员。

二、文件依据

1.《中共中央办公厅 国务院办公厅关于转发劳动和社会保障部等部门〈关于积极推进企业退休人员社会化管理服务工作的意见〉的通知》（中办发〔2003〕16号）。

2.《劳动和社会保障部社会保险事业管理中心关于积极推进企业退休人员社会化管理服务工作的通知》（劳社险中心函〔2002〕35号）。

3.《山东省委办公厅 山东省政府办公厅关于积极推进企业退休人员社会化管理服务工作的意见》（鲁办发〔2003〕11号）。

4.《中共中央办公厅 国务院办公厅印发〈关于国有企业退休人员社会化管理的指导意见〉的通知》（厅字〔2019〕19号）。

5.《社会保险经办条例》（国务院令第765号）。

6.各地根据人社部、省级人力资源和社会保障部门相关规定制定、出台的领取社会保险待遇人员社区化服务规范性文件。

三、办理要件

各地可制定相应管理办法，如《社会保险待遇领取人员社会化管理登记卡》《企业离退休人员遗属领取定期生活困难补助监护人责任协议书》《企业离退休（职）职工档案移交协议书》等。

四、经办风险点解析

1. 表格填写：须认真阅读并填写登记卡中的信息，如实申报，确保信息准确、完整无误。

2. 登记卡流转：流转及时，无缺失，交接手续齐备。

3. 信息录入：须认真审核确认登记卡中信息数据，确保录入数据准确完整；数据变更后系统内及时修改。

4. 日常信息上报、信息变更：有联系方式、居住地址发生变动，须本人及时申报，社区更改。

5. 死亡申报：家属、社区、村居及时上报死亡信息。

6. 资格认证：确认生存状况，即时上传信息。

7. 登记卡保管及迁入迁出变更登记。

8. 人事档案的移交及保管。

五、相关附表

1.《××市领取社会保险待遇人员社区化管理登记卡》（双面）。

2.《企业离退休人员遗属领取定期生活困难补助监护人责任协议书》。

3.《企业离退休（职）职工档案移交协议书》。

1.××市领取社会保险待遇人员社区化管理登记卡

镇街职责机构：   编号

姓名		性别		待遇类别		近期一寸免冠彩色照片粘贴处
身份证号码				健康状况		
待遇享受开始年月			是否军转干/级别（限企业）			
手机号码			固定电话			
申请认证方式	□本地退休本地认证； □本地退休外地邮寄协助认证； □本地退休外地网上协助认证；					
待遇享受地所属职责机构/社区	镇街　　　　具体到户号　　　　社区					
	本地认证填写到社区；申请外地邮寄、网上协助认证只填到"镇街"					
外地居住邮寄、网上协助认证信息	地址：					
	邮编：					
本人配偶及子女	姓名	性别	与本人关系	联系电话		单位
本人确认	本人签字并按手印		申请时间			
单位分管负责人	打印		单位意见：			
单位专管员	打印					
专管员手机号码	打印					
单位办公电话	打印		年　　月　　日			

社区管理关系登记表

日　期	迁入地	迁出地	经办人

填表说明

1. 各单位应尽快理清本单位与待遇领取人关系，并协助好镇街（社区）职责机构登记信息。

2. "待遇类别"指离休、退休、退职、退休遗属、离休遗属等。

3. 选择"申请本地认证地点"的，优先选取本人本地定居点、原单位所属镇街（社区）。

4. 选择"本地退休外地邮寄协助认证"的，由各镇街（社区）职责机构组织实施，邮寄《异地居住离退休人员领取养老金资格协助认证表》进行认证。

5. 选择"外地居住网上认证"的，由各镇街（社区）职责机构上报《异地网上认证所需信息》至市（县、区）社会保险经办机构。

6. "本人配偶及子女信息"应填写完整。

7. 如本人提出变更认证地点，由原镇街（社区）职责机构将本人签字的《××市社会保险待遇领取资格认证登记卡》送交市社会保险经办机构，市社会保险经办机构重新分配到新的镇街。各镇街（社区）职责机构不得拒收变更认证申请。

8. 养老待遇领取资格认证可以通过手机自助认证。具体方法：人社部"掌上12333"App，"服务"—"社会保障"—"待遇资格认证"；微信或支付宝的"电子社保卡"小程序，"全国服务"—"社保待遇资格认证"；爱山东等其他政务服务App或小程序等。

9. 微信认证时间：每年　　月　　日至　　月　　日。

10. 申请外地协助认证人员同时具备本地认证权利。

11. 本表一式一份，由负责管理的乡镇街道职责机构存档。

2. 企业离退休人员遗属领取定期生活困难补助监护人
责任协议书

离退休人员遗属：＿＿＿＿＿＿　身份证号码：＿＿＿＿＿

家庭住址：＿＿＿＿＿＿＿＿＿＿＿＿＿

联系电话：＿＿＿＿＿＿＿；邮政编码：＿＿＿＿＿

甲方：××市社会保险事业中心

乙方：离退休人员遗属委托的责任监护人

1. 姓名：＿＿＿＿＿　身份证号码：＿＿＿＿＿

与待遇享受人关系：＿＿＿＿＿＿＿

工作单位：＿＿＿＿＿＿＿＿　联系电话：＿＿＿＿＿

家庭住址：＿＿＿＿＿＿＿＿＿＿＿

2. 姓名：＿＿＿＿＿　身份证号码：＿＿＿＿＿

与待遇享受人关系：＿＿＿＿＿＿＿

工作单位：＿＿＿＿＿＿＿＿　联系电话：＿＿＿＿＿

家庭住址：＿＿＿＿＿＿＿＿＿＿＿

　　一、甲方依法保证乙方委托人每月 20 日后到代发银行领取定期生活困难补助，乙方或其委托人银行账号、联系电话、家庭住址、通讯地址等基本信息发生变更时，须及时通知甲方。

　　二、甲方按国家有关政策规定对乙方委托人进行领取生活困难补助资格认证，乙方委托人须通过微信按规定及时进行定期认证。乙方或其委托人，在甲方不能确认领取资格的，甲方暂停发放乙方委托人的定期生活困难补助。待认证后，视情况恢复发放。

三、乙方委托人丧失领取定期生活困难补助资格后，乙方须在 30 日内向甲方报告。因乙方上报不及时，发生此待遇被冒领的问题，乙方负责 60 日内偿还冒领的金额。乙方不及时偿还冒领的金额，甲方有权通知乙方所在的单位或代发（基本养老金）银行给予扣缴，乙方拒不偿还冒领的金额，已构成诈骗公私财务罪，甲方将乙方移交司法机关，视冒领数额情况，根据《刑法》第 266 条追究相应法律责任。

如对上述内容已完全知晓，责任监护人签字并留存"居民身份证"复印件。依托单位或社区盖章：单位或社区确认签约信息正确并协调处理后续事宜。（盖章）

甲方：××市社会保险事业中心　　乙方：委托的担保人

（签字按手印）（盖章）

1：＿＿＿＿＿＿＿＿

2：＿＿＿＿＿＿＿＿

联系电话：

年　　月　　日

3. 企业离退休（职）职工档案移交协议书

甲方（移交方）：

乙方（接收方）：××市社会保险事业中心

　　为全面提升社区开展社会化管理服务工作能力，更好地服务广大离退休（职）人员，按照《××市关于对领取养老保险待遇人员实行社区化管理的通知》《××市人力资源和社会保障局关于印发〈××市企业离退休（职）人员人事档案移交管理办法〉的通知》的相关规定，经甲乙双方协商，乙方同意将甲方企业所有离退休（职）职工的档案交接并移交居住地的镇街（区）党委和政府集中统一管理。

　　一、移交时间：　　年　　月　　日。

　　二、甲方档案移交范围：甲方管理的所有离退休（职）职工档案（不含死亡人员）。

　　三、移交项目：

　　1. 甲方管理的企业离退休（职）职工档案，共计　　份。

　　2. 甲方管理的企业离退休（职）。

　　3. 职工企业退休人员移交档案交接表　　份　　页。

　　4. 甲方管理的企业离退休（职）职工企业退休人员移交档案情况说明份页。

　　5. 其他与档案移交相关的材料。

　　四、双方权利义务

　　1. 甲方负责将每份档案整理目录并封签登记造册。目录在前，材料摆放条理，顺序与目录相符，卷面整洁，项目填写齐全规范，装订结实整齐。档案统一整理完结后，装入档案袋封装并加盖单位公章。档案移交时，甲方负责根据《××市关于对我市领取养老保险待遇人员实行社区化管理的通知》完整填写《××市领取社会保险待遇人员社区化管理登记卡》相关内容，与档案一并移交。

2. 乙方按交接表当面清点档案，无误后在档案交接表上盖章，经办人签字。档案交接表一式三份，甲乙双方、企业主管部门各留存一份（其中国有企业职工档案移交表市国有资产运营中心留存一份）；无档案的情况说明及其他材料由乙方留存。

3. 档案移交后原由甲方承担并发放的各项社保待遇仍由甲方根据国家规定原渠道发放；甲方自行制定并发放的离退休人员生活补贴、物业补贴、劳保待遇等仍按企业内部规定执行；涉及退休职工调资、退休、死亡抚恤、遗属申报等情况需要甲方协助办理的，甲方不得以档案已移交为由拒绝办理。

4. 保管责任随档案转移。乙方接受档案后根据职工居住地划分，移交镇（街、区）政府（办事处、管委会）统一管理。由乙方与镇（街、区）政府（办事处、管委会）签订移交保管协议；甲方负责告知本单位离退休人员档案移交的镇街区、社区所在地；离退休人员为党员的，告知其到所在社区党组织报到并办理党组织关系转移手续。

5. 以下情况乙方及镇街（区）党委和政府免责。查询档案时档案内容缺失，封条完整无损，缺失材料由单位负责。

6. 档案移交后单位、个人或家属需要查阅档案的，须出具有效证件（单位证明或个人申请），保管方应给予方便。

7. 组织关系由甲方与接收社区党组织直接办理，乙方不予转接。

8. 人事代理档案的暂不在此移交范围。

9. 退休人员实行社区化管理后，管理服务费用按照当地政府决定执行，其中中央、省属、市属国有企业及原中央、省属、市属下放国有企业退休人员并实行社会化管理的管理服务费用，按照上级相关政策执行。

五、本协议的未尽事宜由双方另行协商，签订补充协议，补充协议与此协议具有同等效力。

六、本协议的更改事宜：

更改事项按新约定执行，不影响其他事项的约定效力。

此协议一式三份，甲乙双方、企业主管部门（国有企业报市国有资产运营中心）各执一份。甲乙双方签字盖章之日起生效。

甲方（签章）：　　乙方（签章）：××市社会保险事业中心

负责人　　　　　　　　　　负责人
或授权负责人（签字）：　　或授权负责人（签字）：
　　　　年　　月　　日　　　　年　　月　　日

第十六节 养老保险待遇暂停／恢复业务

一、业务概述

养老保险待遇暂停是指社会保险经办机构根据获取的生存认证等信息，初步判定机关、企事业单位养老保险待遇领取人员，可能存在丧失待遇领取资格，为确保基金安全，决定暂时停发其养老待遇的职责行为。

养老保险待遇恢复是指对暂停发放养老保险待遇的机关、企事业单位离退休（职）人员、领取遗属补助的人员，经认真审查，认定符合继续领取资格的，按照《关于印发〈山东省企业退休人员基本养老保险待遇领取资格认证实施办法〉的通知》（鲁社保发〔2011〕32号）第四章第二十条的规定，恢复发放社会保险待遇并补发暂停期间待遇的行为。

二、文件依据

1.《关于印发〈山东省企业退休人员基本养老保险待遇领取资格认证实施办法〉的通知》（鲁社保发〔2011〕32号）。

2.《劳动和社会保障部办公厅关于对异地居住退休人员进行领取养老金资格协助认证工作的通知》（劳社厅发〔2004〕8号）。

3.《山东省社会保险事业局关于进一步做好离退休人员领取养老金资格认证工作的通知》（鲁社保发〔2011〕15号）。

4.各地出台的其他相关文件。

三、办理要件

无。

四、经办风险点解析

1.受理材料环节：社会保险经办机构工作人员须认真审核相关业务部门、原用人单位、居住地社区、职工家属等所提供的证明材料是否完整、真实、准确、齐全，防止因录入的信息不准确、不完整而引起的数据安全隐患。

2.信息录入环节：社会保险经办机构工作人员须认真核对相关数据，确保录入信息准确完整。

3.经审查决定恢复待遇发放的，确保补发正确。

第三章　机关事业单位职工养老保险

第一节　机关事业单位退休（职）人员养老待遇核定

一、业务概述

"机关事业单位退休（职）人员养老待遇核定"，是指社会保险经办机构对参加机关事业单位职工基本养老保险，符合退休（职）条件并办理退休（职）的人员，按规定计发养老待遇。

二、文件依据

1.《国务院关于机关事业单位工作人员养老保险制度改革的决定》（国发〔2015〕2号）。

2.《山东省人民政府关于机关事业单位工作人员养老保险制度改革的实施意见》（鲁政发〔2015〕4号）。

3.《人力资源社会保障部　财政部关于机关事业单位基本养老保险关系转移接续有关问题的通知》（人社部规〔2017〕1号）。

4.《山东省人力资源和社会保障厅　山东省财政厅〈关于转发人社部规〔2017〕1号文件明确机关事业单位基本养老保险关系和职业年金转移接续有关问题的通知〉的通知》（鲁人社规〔2017〕12号）。

5.《山东省人力资源和社会保障厅关于印发山东省职业年金经办规程（暂行）的通知》（鲁人社字〔2021〕11号）。

三、办理要件

1.《机关事业单位退休（职）审批表》。

2.《机关事业单位到龄退休人员花名册》。

3.《机关事业单位退休（职）人员养老金银行账号信息表》。

四、经办风险点解析

1.关于参加工作时间：与《退休（职）审批表》

中"参加工作时间"一致。《退休（职）审批表》中"连续工龄起算时间"与"参加工作时间"不同的，以"连续工龄起算时间"为准，时间具体到某月1日；其中2014年10月后有实际缴费记录的长期病假期间，缴费年限不予扣除。

2. 对于有企业缴费经历的人员，个人权益确认时要核实是否从《退休（职）审批表》中认定的"连续工龄起算时间"开始无中断缴费。若有中断缴费的，需确认是否需要补齐。

3. 信息系统中个人身份认定：应与《退休（职）审批表》中"身份"一致。

4. 信息系统中关于用工形式：如果《退休（职）审批表》中"是否为合同制工人"一栏填写"是"，且"在职工资情况"是"国家职业资格等级"的，选择"其他情形"。

5. 关于档案出生日期：与《退休（职）审批表》中"出生日期"一致。

6. 关于退休类别：公务员（参公人员）、机关工人选"退休"，事业人员选"事业退休"；如是退职，分别选"退职/事业退职"。

7. 关于退休日期：一般为退休年份的生日当月，

如：男，1957 年 12 月出生，退休日期为 2017 年 12 月 1 日（注：一律填写 1 日）。

8. 待遇享受开始年月：一般为退休日期的次月（系统默认），结合《机关事业单位到龄退休人员花名册》中注明的"在职工资发放时间"，停发的次月开始享受待遇，时间不能重合。如 2017 年 12 月份退休，但"在职工资发放时间"为 2018 年 2 月，则待遇享受开始年月应为"2018 年 3 月"。

9. 关于待遇发放银行账号：社会保险系统默认为社保卡银行账号，检查是否一致。

10. 关于待遇审批类别：以《退休（职）审批表》中间部分右侧"退休前最后一个月在职工资情况"信息为准。

11. 关于行政职务：一般指公务员（参公）、事业单位管理岗位，如科员、副科、正科等。事业单位管理岗位职员等级的，在程序未完善前，先根据其对应关系填写并计算临时待遇。程序完善后，如实填写并正常计算。

12. 专业技术职务：一般指事业单位有职称的人员，如员级／助级／中级／副高级专业技术职务。

13. 国家职业资格等级：一般指机关事业单位中

的工人，如技术工三级对应职业资格三级（高级）。

14.联系人电话和手机号码：填写正确的手机号码，用于日后联系和办理免费短信签约业务。

15.退休人员开始领取待遇后需重新计算待遇的，须书面说明情况，社会保险经办机构应建立联席会议制度，集体研究后决定，确须重新计算的方可进行。

第二节　机关事业单位退休死亡人员待遇终止

一、业务概述

"机关事业单位退休死亡人员待遇终止"，是指退休人员死亡后，社会保险经办机构应根据规定办理终止死亡对象发放养老待遇的业务。

二、文件依据

1.《国务院关于机关事业单位工作人员养老保险制度改革的决定》（国发〔2015〕2号）。

2.《山东省人民政府关于机关事业单位工作人员养老保险制度改革的实施意见》（鲁政发〔2015〕4号）。

3.《人力资源社会保障部 财政部关于机关事业单位基本养老保险关系转移接续有关问题的通知》（人社部规〔2017〕1号）。

4.《山东省人力资源和社会保障厅 山东省财政厅〈关于转发人社部规〔2017〕1号文件明确机关事业单位基本养老保险关系和职业年金转移接续有关问题的通知〉的通知》（鲁人社规〔2017〕12号）。

5.《山东省人力资源和社会保障厅关于印发山东省职业年金经办规程（暂行）的通知》（鲁人社字〔2021〕11号）。

6.《中华人民共和国社会保险法》等社会保险法律法规。

三、办理要件

1.《居民死亡医学证明（推断）书》（或户籍注销证明、法院判决书）原件或复印件；《火化证明》原件或复印件。

2.死亡人员的身份证、社保卡原件。

3.《机关退休去世人员丧葬抚恤金审核表》或《事业退休去世人员丧葬抚恤金审核表》。

4. 2014年10月份以后退休并去世的机关事业单位工作人员，还需提供单位银行账号信息（非零余额账户）。

5. 若需进行改革前养老账户返还的，需提供《2014年9月30日后机关事业单位养老保险个人缴费信息核对表》（注：各省、直辖市、自治区对机关事业单位试点期间养老保险个人缴纳部分处理不尽相同，具体以各省、直辖市、自治区规定执行）。

四、经办风险点解析

1. 如果待遇发放状态为"暂停"，可能是已根据民政部门提供的火化台账已经进行了"暂停"处理，需要"待遇恢复"后再进行待遇终止。

注意："待遇恢复"时，要查看其养老待遇是否发放到死亡当月。如果已发放到死亡当月，不勾选"发放从待遇暂停年月至待遇恢复年月上月的停发待遇"；如果没有发放到死亡当月，要勾选"发放从待遇暂停年月至待遇恢复年月上月的停发待遇"，"恢复起始年月"填写死亡时间的当月。一个原则：不能多发，也不能少发。

2. 核查养老金发放情况。填写《机关/事业退休去世人员丧葬抚恤金审核表》中"多领养老金情况"，加盖业务审核章，留存一份，其余交单位；若有多领养老金情况的，社保经办机构应追回多领取的养老金。

3. 输入业务受理信息

①减员日期：以医学死亡证明上的日期为准。

②火化地点：以火化证明上的火化地点为准。

③自动产生账户返还信息：2014年9月份之前退休的，不勾选此项；2014年10月份之后退休的，要勾选此项，返还养老金个人账户余额部分。

④自动产生丧葬抚恤金：不勾选。

4. 2014年10月份之后退休去世的，还需要进行机关事业职业年金一次性待遇支付，打印《机关事业单位参保人员职业年金个人账户一次性支付申请表》（一式两份，单位签字后一份给单位，一份留存），按照单位提供的非零余额账户登记返还至账户信息。

5. 若需进行改革前个人缴费返还的，提供《2014年9月30日前/后机关事业单位养老保险个人缴费信息核对表》，做改革前养老账户返还业务。

6. 山东省自2016年1月起，机关事业单位离休人员待遇不再由社保经办机构发放。

五、相关附表

1.《××市机关退休去世人员丧葬抚恤金审核表》。

2.《××市事业退休去世人员丧葬抚恤金审核表》。

3.《××市2014年9月30日后机关事业单位养老保险个人缴费信息核对表》。

1. 机关退休去世人员丧葬抚恤金审核表

单位名称			
死亡人姓名		死亡时间	
身份证号码			

单位意见（章）：

经办人（签字）：　　　　　　年　　月　　日

多领养老金情况			
养老金停发时间		多领养老金月数	
多领养老金总额		多领医疗帐户总额	
多领合计			

社保中心意见（章）：

　　　　　　请于30日内将多领资金缴回。

经办人（签字）：　　　　　　年　　月　　日

离退休时离退休费		增发的离退休费	
国办发〔2015〕3号 普调		国发〔2015〕3号 高龄	
月基本离退休费合计			

一次性抚恤金丧葬费			
40个月基本离退休费		丧葬费	1000元
上年度2倍全国城镇 居民可支配收入			
丧葬抚恤金总额			

人社局审核意见（章）：

经办人（签字）：　　　　　　年　　月　　日

注：本表一式四份，单位、审核机关、社保经办机构、财政局各一份。

2.事业退休去世人员丧葬抚恤金审核表

单位名称			
死亡人姓名		死亡时间	
身份证号码			
单位意见（章）： 经办人（签字）：　　　　　年　　月　　日			
多领养老金情况			
养老金停发时间		多领养老金月数	
多领养老金总额		多领医疗帐户总额	
多领合计			
社保经办机构意见（章）： 　　　　　请于 30 日内将多领资金缴回。 经办人（签字）：　　　　　年　　月　　日			
离退休时离退休费		增发的离退休费	
国办发〔2015〕3 号 普调		国发〔2015〕3 号 高龄	
月基本离退休费合计			
一次性抚恤金丧葬费			
20 个月基本离退休费		丧葬费	1000 元
丧葬抚恤金总额			
人社局审核意见（章）： 经办人（签字）：　　　　　年　　月　　日			

注：本表一式四份，工作单位、审核机关、社保经办机构、财政局各一份。

3. 2014 年 9 月 30 日后养老保险个人缴费信息核对表

单位名称（章）：

单位：元

序号	姓名	身份证号	缴费起始时间	缴费终止时间	个人缴费额	本人签字	签字日期	备注
1								
2								

单位负责人：　　　　　　核对人：　　　　　填报人：

社保经办机构审核人：　　审核日期：

第三节　机关事业单位退休（职）人员银行账号变更

本业务参见第二章之"第二节　养老待遇领取人员银行账号变更"。

第四节　机关事业单位退休（职）人员银行账号封存/解封

本业参务见第二章之"第三节　养老待遇领取人员银行账号封存/解封业务"。

第五节　机关事业单位退休（职）人员基本信息变更

本业务参见第二章之"第四节　养老待遇领取人员基本信息变更"。

第六节 机关事业单位退休（职）人员待遇补发

一、业务概述

"机关事业单位退休（职）人员待遇补发"，是指社会保险经办机构根据国家、省（市、自治区）相关待遇调整文件的规定，对领取机关事业单位职工基本养老保险待遇人员进行养老待遇调整时，因政策落实时间晚于执行时间的，对期间有关待遇进行补发。

二、文件依据

上级有关待遇调整文件。

三、办理要件

相关调整文件、档案材料或有关法律文书等。

四、经办风险点解析

1.待遇调整完成后，社会保险经办机构待遇核定环节工作人员应随机验证待遇调整计算结果是否正确，并核实待遇领取人员生存信息是否符合待遇领取条件。

2. 待遇发放实行社银直联方式，直接发放到待遇领取人员社保卡上；待遇发放不成功的，应及时落实原因并再次发放。

第七节　机关事业单位退休（职）人员待遇统计与拨付

一、业务概述

"机关事业单位退休（职）人员待遇统计与拨付"，是指社会保险经办机构根据养老待遇发放规定，每月定期汇总，对符合待遇领取资格的机关事业单位退休（职）人员，以社银直联方式，足额发放养老金的业务。

二、文件依据

1.《中华人民共和国社会保险法》（中华人民共和国主席令第 35 号）。

2.《社会保险经办规程》（中华人民共和国国务院令第 765 号）。

3.《关于进一步规范养老保险待遇暂停和停发人员管理工作的通知》（人社险中心函〔2022〕42 号）。

三、办理要件

无。

四、经办风险解析

1. 机关事业单位退休（职）人员待遇统计业务为社会保险经办机构后台业务，应当于每月第 1 至 10 个工作日统计当月的养老待遇。

2. 每月第一个工作日导出上月新增退休（职）人员银行账号信息，按规定格式通过邮箱报给代发待遇银行，以便银行对新增人员的银行账号进行确认处理。

3. 在办理当月待遇统计与拨付业务前，需先将上月拨付的人员名单与相关部门提供的生存信息进行比对（如：民政部门提供的上月火化人员台账、公安机关户籍注销信息、医疗机构提供的死亡信息、法院判决死亡人员信息等），对比对出的尚未做死亡减员处理的人员，做待遇暂停操作。日后受理该人员的死亡减员业务时，先恢复待遇再做待遇终止业务。

4. 统计退休（职）待遇时，需统计所有协议代发金融机构代发人员信息，防止出现漏落。

5. 打印拨付单据时，应分别打印当月拨付单据和补发单据，方便事后查证。

6. 社会保险经办机构职责科室每月注意查看拨付

结果（确认单据），对发放不成功的，相关职责科室查明原因，重新维护信息后再次进行统计业务，告知当事人及时补发。

第八节　机关事业单位退休（职）人员待遇调整

一、业务概述

"机关事业单位退休（职）人员待遇调整"，是指社会保险经办机构根据国家、省（市、自治区）或统筹地区待遇调整相关文件规定，按照规定的待遇调整起始时间、调整标准、调整办法，对领取机关事业单位基本养老保险金的人员的养老待遇，进行调整的业务。

二、文件依据

国家和省（市、自治区）或统筹地区下发的有关调整养老保险待遇的文件。

三、办理要件

无。

四、经办风险点解析

1. 待遇调整完成后，社会保险经办机构待遇环节工作人员应随机验证待遇调整计算是否正确，并核实待遇领取人员生存信息是否符合待遇领取条件。

2. 待遇发放实行社银直联方式，直接发放到待遇领取人员社保卡上；待遇发放不成功的，应及时落实原因并再次发放。

3. 如待遇调整涉及基本离退休费，还应根据文件或上级要求，及时为建国前老工人调整"1—2月生活补贴"。

第九节 机关事业单位参保人员在职死亡或出国定居养老账户返还

一、业务概述

"机关事业单位参保人员在职死亡或出国定居养老账户返还"，是指机关事业单位在职参保人员因死亡或出国定居，将其改革前个人缴费和机关事业养老、职业年金个人账户进行返还的业务。

二、文件依据

1.《国务院关于机关事业单位工作人员养老保险制度改革的决定》（国发〔2015〕2号）。

2.《山东省人民政府关于机关事业单位工作人员养老保险制度改革的实施意见》（鲁政发〔2015〕4号）。

3.《人力资源社会保障部财政部关于机关事业单位基本养老保险关系转移接续有关问题的通知》（人社部规〔2017〕1号）。

4.《山东省人力资源和社会保障厅山东省财政厅〈关于转发人社部规〔2017〕1号文件明确机关事业单位基本养老保险关系和职业年金转移接续有关问题的通知〉的通知》（鲁人社规〔2017〕12号）。

5.《山东省人力资源和社会保障厅关于印发山东省机关事业单位基本养老保险关系和职业年金转移接续业务经办规程的通知》（鲁人社规〔2018〕4号）。

6.《山东省人力资源和社会保障厅关于印发山东省职业年金经办规程（暂行）的通知》（鲁人社字〔2021〕11号）。

三、办理要件

在职死亡人员：

1.死亡人员身份证原件或复印件。

2. 医学死亡证明原件或复印件。

3. 火化证原件或复印件。

4. 死亡人员社保卡原件或复印件。

5. 申请人身份证原件或复印件。

6.《机关事业单位在职死亡 / 出国定居人员待遇返还申报单》。

出国定居人员：

1. 出国定居人员的证件。

2.《机关事业单位在职死亡 / 出国定居人员待遇返还申报单》。

扫描原件，留存复印件。

四、经办风险点解析

1. 机关事业养老账户返还方面

社会保险经办机构职责科室通过社会保险经办系统进行汇总拨付时，汇总类别选择"在职死亡"，险种标志选择"机关事业养老"，点击"查询"按钮汇总拟发放的所有人员信息。如果"银行账号和银行户名"为空，可以点击"使用单位银行账户"右边的小正方形，提取出"银行账号和银行户名"，也可以手工编辑。

2. 改革前个人缴费返还方面

①在进行返还前，需查看人员改革前缴费是否已足额缴纳，若没有，需补缴后才能进行操作。

②查看经办系统中减员原因是否为"在职人员死亡"，如不是，需进行"减员原因变更"。

3. 机关事业职业年金返还方面

①办理前，要查看一下职业年金单位缴费是否已经做实。未做实的，告知参保单位先做实。

②因职业年金已实行省级归集，所以需将职业年金全部归集到省里后，再进行职业年金一次性待遇支付申请（若未归集，在操作时经办系统会出现提示）。

③填写银行信息时要准确录入单位的银行账号、银行户名和开户银行，银行账号应是非零余额账户（具体根据各省或统筹地区规定执行）。

④对参保单位未做实的单位缴费部分，需通知单位先进行做实，于缴费单据确认的次月才能进行省级归集，归集后的次月才可以进行一次性待遇支付申请。

五、相关附表

《机关事业单位在职死亡／出国定居人员待遇返还申报单》。

机关事业单位在职死亡／出国定居人员待遇返还申报单

单位名称（章）

制表日期：　　　年　　　月　　　日

单位：元

姓名	身份证号		死亡／出国定居时间	备注
缴费项目	缴费起止时间	个人缴费额	单位缴费额	
改革前养老				
	单位账户信息（非零余额账户）／个人账户信息			
户名	开户行名称		银行账户号码	

填报人：

社保经办机构审核人：

审核日期：

158

第十节 机关事业单位社会保险关系转移人员改革前个人缴费返还

一、业务概述

"机关事业单位社会保险关系转移人员改革前个人缴费返还"，是指机关事业单位在职参保人员因发生社保关系转移,社会保险经办机构将其改革前(2014年9月及其以前）机关事业单位养老保险试点期间的个人缴费部分予以返还的业务。

二、文件依据

1.《山东省人民政府关于机关事业单位工作人员养老保险制度改革的实施意见》(鲁政发〔2015〕4号）。

2.《人力资源社会保障部财政部关于机关事业单位基本养老保险关系转移接续有关问题的通知》（人社部规〔2017〕1号）。

3.《山东省人力资源和社会保障厅山东省财政厅〈关于转发人社部规〔2017〕1号文件〉明确机关事业单位基本养老保险关系和职业年金转移接续有关问

题的通知》（鲁人社规〔2017〕12号）。

4.《山东省人力资源和社会保障厅关于印发山东省机关事业单位基本养老保险关系和职业年金转移接续业务经办规程的通知》（鲁人社规〔2018〕4号）。

注：关于改革前养老保险个人缴费部分的处理，各省、直辖市、自治区印发了相关配套文件的，按当地有关规定执行。

三、办理要件

1. 组织人事部门出具的调令或现工作单位出具的证明或能证明其现工作单位的有关证件原件（原件扫描，留存单位证明或有关证件复印件）。

2. 身份证和本人的银行卡复印件1份（复印在一张A4纸上），注明联系人和联系电话。

3.《机关事业单位统筹范围外转移人员改革前个人缴费返还申报单》。

四、经办风险点解析

1. 社会保险经办机构工作人员受理前，先查看减员原因是否为"在职人员转出统筹范围外（内）"，如不是，先进行变更。

2. 在办理个人缴费部分返还业务之前，需查看人员改革前缴费是否已足额缴纳，若没有，需通知参保单位按原机关事业单位试点期间的政策规定补缴后，方能进行操作。

3. 参保单位或本人持《机关事业单位统筹范围外转移人员改革前个人缴费返还申报单》到社会保险经办机构职责科室确认其改革前缴费历史是否正确。正确的，职能科室审核签字确认后，再行办理退还相关业务；如不正确，需联系原单位进行缴费历史维护，维护完成后再办理。

五、相关附表

《××市机关事业单位统筹范围外转移人员改革前个人缴费返还申报单》。

机关事业单位统筹范围外转移人员
改革前个人缴费返还申报单

姓名		身份证号	
原工作单位		现工作单位	
缴费项目	改革前养老（2014 年 9 月 30 日前）		
缴费起止时间	年　　月—　　年　　月		
个人缴费额	元		
银行账户信息			
户名	开户行名称		银行账户号码

申报人签字：　　　　　　　　　　　　联系电话：

社保经办机构审核人：　　　　　　　　审核日期：

第十一节　机关事业单位退休（职）人员改革前个人缴费返还

一、业务概述

"机关事业单位退休（职）人员改革前个人缴费返还"，是指机关事业单位参保人员退休或退职后，将其机关事业单位养老保险制度改革前，原机关事业单位养老保险试点期间个人依规缴的养老保险费，按现行规定予以返还的业务。

关于改革前养老保险个人缴费部分的处理，各省、直辖市、自治区印发了相关配套文件的，按当地有关规定执行。

二、文件依据

1.《国务院关于机关事业单位工作人员养老保险制度改革的决定》（国发〔2015〕2号）。

2.《山东省人民政府关于机关事业单位工作人员养老保险制度改革的实施意见》（鲁政发〔2015〕4号）。

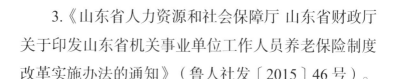

3.《山东省人力资源和社会保障厅 山东省财政厅关于印发山东省机关事业单位工作人员养老保险制度改革实施办法的通知》（鲁人社发〔2015〕46号）。

三、办理要件

《2014年9月30日前/后养老保险个人缴费信息核对表》

四、经办风险点解析

1.退休（职）时执行工人工资标准的编制内劳动合同制人员，其改革前缴纳的养老保险个人账户部分暂不返还。

2.参保单位新增退休人员在办理退休待遇核定后，应及时为其办理改革前养老账户返还，返还金额直接打入参保人社保卡银行账户，做到"退休一人、返还一人"。

五、相关附表

《2014年9月30日前/后养老保险个人缴费信息核对表》。

2014 年 9 月 30 日前 / 后养老保险个人缴费信息核对表

单位名称（章）：　　　　　　　　　　　　　　单位：元

序号	姓名	身份证号	缴费起止时间	个人缴费额	本人签字	签字日期	备注
1							
2							
3							
合计							

单位负责人：　　　　　　核对人：　　　　　　填报人：

社保经办机构审核人：　　　　　　　　　　审核日期：

第十二节　机关事业单位退休（职）人员待遇领取资格认证

本业务参见第二章之"第二节　待遇领取资格认证"。

第十三节　机关事业单位退休（职）人员待遇暂停／恢复

本业务参见第二章之"第二节　养老保险待遇暂停／恢复"。

第四章　城乡居民基本
养老保险

第一节　居民基本养老保险参保登记

一、业务概述

年满 16 周岁（不含在校学生）、未参加城镇职工基本养老保险和机关事业单位职工基本养老保险的居民，可以根据居民基本养老保险制度和实施办法的规定，在户籍地进行居民基本养老保险登记，参加城乡居民基本养老保险（新型农村社会养老保险）。

二、文件依据

1.《人力资源社会保障部关于印发〈城乡居民基本养老保险经办规程〉的通知》（人社部发〔2019〕

84号）。

2.《山东省人力资源和社会保障厅　山东省财政厅　国家税务总局山东省税务局　国家税务总局青岛市税务局关于完善居民基本养老保险政策有关问题的通知》（鲁人社发〔2022〕22号）。

3.《山东省人力资源和社会保障厅　山东省财政厅　国家税务总局山东省税务局　国家税务总局青岛市税务局关于进一步规范居民基本养老保险有关政策的通知》（鲁人社发〔2023〕19号）。

4.《山东省人力资源和社会保障厅　山东省财政厅　山东省自然资源厅　国家税务总局山东省税务局　国家税务总局青岛市税务局关于印发山东省被征地农民参加居民基本养老保险办法的通知》（鲁人社规〔2023〕3号）。

5.《山东省人力资源和社会保障厅　国家税务总局山东省税务局　国家税务总局青岛市税务局关于印发山东省居民基本养老保险经办规程的通知》（鲁人社字〔2023〕136号）。

6.各居民基本养老保险实施地区制定的规范性文件。

三、办理要件

有效身份证件（居民身份证、社会保障卡、港澳台居民居住证、外国人居留证、外国人护照）、户口簿（首页及本人页）、城乡居民基本养老保险参保登记表。

四、经办风险点解析

1.居民基本养老保险实行户籍地参保登记制度，即必须在户籍地参加居民基本养老保险（上级规定的特殊情况除外）。

2.原户籍地新农保或城居保制度实施后才年满60周岁的城乡居民，应在原户籍地参保。

3.在迁移户籍前已满60周岁的城乡居民，应由原户籍地负责其城乡居民基本养老保险参保缴费和待遇发放。

4.对于新参保登记人员，校验户籍地、年龄和在校生信息，系统校验通过即可参保；对于退保后重新参保人员需进行三级审核。

5.不能同时参加职工基本养老保险和居民基本养老保险，以灵活就业人员身份参加企业职工养老保险且缴费年限达到领取企业职工基本养老保险待遇缴费年限的居民，不得再选择缴纳居民基本养老保险。

第二节　居民基本养老保险待遇核定支付

一、业务概述

按规定参保缴费、未享受其他社会养老保险待遇的持本地户口的居民基本养老保险参保人，从年满60周岁的次月起，按规定领取居民养老金（重度残疾人员自年满55周岁后从申请的次月始；55周岁后被确定为重度残疾的，自确定后申请的次月始）。居民基本养老保险待遇由基础养老金和个人账户养老金两部分组成，支付终身。

二、文件依据

1.《人力资源社会保障部关于印发〈城乡居民基本养老保险经办规程〉的通知》（人社部发〔2019〕84号）。

2.《山东省被征地农民参加居民基本养老保险办法》（鲁人社发〔2013〕35号）。

3.《关于对〈山东省被征地农民参加居民基本养老保险办法〉有关条款进行修改的通知》（鲁人社发

〔2014〕39 号）。

4.《山东省人力资源和社会保障厅　山东省发展和改革委员会　山东省民政厅　山东省财政厅　山东省扶贫开发办公室关于印发巩固拓展脱贫攻坚成果同乡村振兴有效衔接的人力资源社会保障政策措施的通知》（鲁人社字〔2021〕21 号）。

5.《山东省人力资源和社会保障厅　山东省财政厅　国家税务总局山东省税务局　国家税务总局青岛市税务局关于完善居民基本养老保险政策有关问题的通知》（鲁人社发〔2022〕22 号）。

6. 山东省人力资源和社会保障厅、山东省财政厅《关于加强被 征地农民养老保障等资金管理工作的通知》（鲁人社字〔2022〕77 号）。

7.《山东省人力资源和社会保障厅　山东省财政厅　国家税务总局山东省税务局　国家税务总局青岛市税务局关于进一步规范居民基本养老保险有关政策的通知》（鲁人社发〔2023〕19 号）。

8.《山东省人力资源和社会保障厅　山东省财政厅　山东省自然资源厅　国家税务总局山东省税务局　国家税务总局青岛市税务局关于印发山东省被征地农民参加居民基本养老保险办法的通知》（鲁人

社规〔2023〕3 号）。

9.《山东省人力资源和社会保障厅　国家税务总局山东省税务局　国家税务总局青岛市税务局关于印发〈山东省居民基本养老保险经办规程〉的通知》（鲁人社字〔2023〕136 号）。

10. 各居民基本养老保险实施地区制定的规范性文件。

三、办理要件

普通居民：有效身份证件（居民身份证、港澳台居民居住证、外国人居留证、外国人护照）、社会保障卡、户口簿。

重度残疾人：残疾证、有效身份证件（居民身份证、港澳台居民居住证、外国人居留证、外国人护照）、社会保障卡、《重度残疾人员提前领取待遇申请表》。

四、经办风险点解析

1. 乡镇街道职责机构或者社区应每月通过经办信息系统的"待遇登记预警"功能导出下月到龄人员，村居协办员或者社区及时将《待遇领取告知书》移交参保人，欠费的及时补缴保费，以保证参保人能按时享受待遇。（该项政策各地根据实际操作）。

2. 符合待遇领取条件的人员，应提前一个月到社区（村居）进行登记申请（重度残疾人申请提前领取待遇的，自申请的次月起领取待遇，之前待遇不予补发）。

3. 达不到规定最低缴费年限的，应予补缴，自补缴后的次月起享受养老金待遇。

4. 社会保险经办机构应从参保人员符合待遇领取条件的次月开始发放待遇。对于养老待遇未发放成功的，应查明原因并改正，次月补发。

5. 参保人因户籍迁移在多个地区参保缴费的，应在待遇领取地社会保险经办机构办理居民基本养老保险关系转移手续。

特别提醒：社区、村居应将《城乡居民基本养老保险待遇核定表》发给待遇领取人，供待遇领取人知晓待遇计发标准。

五、相关附表

1.《城乡居民基本养老保险待遇领取告知书》（2023 年涉及省统一流程变更，暂行本表。后期应使用省统一样式）。

2.《重度残疾人员提前领取待遇申请表》。

3.《城乡居民基本养老保险待遇核定表》（2023 年涉及省统一流程变更，暂行本表。后期应使用省统一样式）。

1.居民基本养老保险缴费信息和待遇领取告知书

制表日期： 年 月 日

受理信息	姓名		公民身份号码			联系电话	
	出生年月		累计缴费年限	折算年限		最低应缴费年限	
	到龄日期			缴费年限		个人账户储存额	
	省内职工养老保险最后参保地						
联系亲属资料	姓名		公民身份号码			与本人关系	
	联系电话		联系地址				

社会保险经办机构告知内容

1.居民基本养老保险应当在户籍地领取居民基本养老保险待遇。在迁移户籍前已满60周岁的，在原户籍地领取居民基本养老保险待遇。

2.达到待遇领取年龄但缴费年限达不到规定年限的参保人，可以在办理待遇领取手续当年一次性补缴。

3.参加居民基本养老保险的重度残疾人按规定缴费（含代缴），年满55周岁的，需本人申请，经核准后可以自申请的次月起领取待遇。

4.参保人省内多地参加居民基本养老保险的，符合待遇领取条件前6个月内由最后参保地社会保险经办机构为其办理账户归集，无需本人办理。

5.如果参保人存在职工养老保险参保关系，申请领取居民基本养老保险待遇前，应当及时到职工养老保险最后参保地办理参保衔接手续。

6.待遇领取资格认证认证以12个月为一个认证周期，待遇领取人员自发放待遇当月起缴纳认证管理。认证周期内无法确认是否具备待遇领取资格，将暂停待遇发放，核实后进一步处理。社会保险经办机构通过大数据比对等方式开展静默认证，参保人可通过当地社会保险经办机构提供的手机 App 等方式进行自助认证，也可到社会保险经办机构现场认证。参保人应当积极配合社会保险经办机构开展领取资格认证，确保待遇及时足额发放。

7. 居民基本养老保险待遇实行社会化发放，待遇领取人死亡后，法定继承人（指定受益人）应当及时办理注销登记，从死亡次月起停止发放待遇。

8. 待遇领取人员或法定继承人（指定受益人）应当及时及时向社会保险经办机构说明情况。如出现多领、冒领待遇时，领取其他养老保险待遇和失业待遇等情况，社会保险经办机构可根据具体情况从其个人账户余额和丧葬补助金中抵扣，个人账户余额和丧葬补助金不足抵扣的，待遇领取人员或相关人员应当及时交回，个人拒不交回的，符合严重失信人员行为的，纳入领取待遇人员名单管理，并实施联合惩戒。社会保险经办机构错发、多发待遇的，可从领取居民基本养老保险待遇银行账户中予以扣回。

请您接到通知后，于　　年　　月　　日前（节假日提前）凭有效身份证件，到就近乡镇（街道）服务中心办理信息确认，补缴申请及待遇申请等手续。

申请人意见	我已知晓上述告知内容。若出现以上告知内容相应情形，同意社会保险经办机构按照上述告知方式执行。 申请人（签名）：　　　　　　代办人（签名）： 　　　　　年　　月　　日　　　　　　年　　月　　日
经办机构审核意见	审核意见： 经办人：　　　　　　　　　　　　　　年　　月　　日（签章）

说明：1. 本表申请人特指参保人、指定受益人或法定继承人。2. 互联网服务渠道受理的，由登录用户的电子身份认证代替纸质签章。3. 本表一式两联，申请人、县级社会保险经办机构各留存一联。

2.重度残疾人员提前领取待遇申请表

_____镇（街区）____村（居）　申请日期：　　年　　月　　日

姓名		性别		出生日期	
公民身份号码					
联系电话					
户籍所在地		现居住地			
人员类别	□重度残疾人	残疾程度	□一级　　□二级		

发放标准：养老金由基础养老金和个人账户养老金组成，按月发放；基础养老金执行所在县市区（市属开发区）的标准，个人账户养老金月计发标准参照职工基本养老保险个人账户养老金计发办法办理。自提出申请的次月开始享受。

申请人声明： 以上填写内容正确无误。 申请人：　　年　　月　　日 （签章）	市复核意见： 经办人：　　年　　月　　日 （签章）

参保人员填写，若本人无法填写，可由亲属或村（居）委会经办人员代填，但须本人签字、签章或留指纹确认。本表一式两份，参保人员和县级社会保险经办机构各留存一份。

3. 居民基本养老保险待遇核定表

填报单位（县、区）：　　　经办（代码）：　　　打印时间：

参保人 姓名		性别		公民身份号码			
出生年月		实际缴费年限		补缴年限		参保时间	年　　月
个人账户 储蓄额		个人缴费总额		补助（资助） 总额	政府补 贴总额		利息 总额
待遇领 取金额		个人账户养老 金领取金额		基础养老金 领取金额	其他 金额		启领 时间

县（市、区）社会保险经办机构审核：　　　年　　月　　日（签章）

参保人确认：　　　年　　月　　日（签字）

填表说明：互联网渠道受理的，由登录用户的电子身份认证代替纸质签章。

第三节 居民基本养老保险注销登记及一次性待遇核定支付

一、业务概述

参保人员出现死亡、丧失国籍、已享受城镇职工基本养老保险、机关事业单位职工基本养老保险待遇的，应终止其城乡居民基本养老保险关系，进行注销登记，将个人账户资金余额（及丧葬补助金）支付给参保人（或指定受益人、法定继承人）。

二、文件依据

1.《人力资源社会保障部关于印发〈城乡居民基本养老保险经办规程〉的通知》（人社部发〔2019〕84号）。

2.《山东省被征地农民参加居民基本养老保险办法》（鲁人社发〔2013〕35号）。

3.《关于对〈山东省被征地农民参加居民基本养老保险办法〉有关条款进行修改的通知》（鲁人社发〔2014〕39号）。

4.《山东省人力资源和社会保障厅　山东省财政厅　国家税务总局山东省税务局　国家税务总局青岛市税务局关于完善居民基本养老保险政策有关问题的通知》（鲁人社发〔2022〕22号）。

5.《山东省人力资源和社会保障厅　山东省财政厅　国家税务总局山东省税务局　国家税务总局青岛市税务局关于进一步规范居民基本养老保险有关政策的通知》（鲁人社发〔2023〕19号）。

6.《山东省人力资源和社会保障厅　国家税务总局山东省税务局　国家税务总局青岛市税务局关于印发〈山东省居民基本养老保险经办规程〉的通知》（鲁人社字〔2023〕136号）。

三、办理要件

1. 死亡注销：殡葬机构出具的火化证明（或复印件）、公安部门出具的户口注销证明、医疗机构出具的医学死亡证明、法院出具的判决书等任一项。

2. 丧失国籍注销：本人有效身份证件（居民身份证、社会保障卡、港澳台居民居住证、外国人居留证、外国人护照）。

3. 享受其他养老保险待遇：享受其他养老保险待遇的证明。

4. 死亡继承：继承人或法定继承人的身份证、死亡人的社保卡（无社保卡的，需提供司法公正机构或村居出具的能证明其为指定受益人或法定继承人的银行卡）。

5. 丧失国籍、享受其他基本养老保障待遇：本人身份证及社保卡（无社保卡提供银行卡）。

6. 城乡居民基本养老保险注销登记表。

四、经办风险点解析

1. 山东省 2014 年 2 月 21 日后死亡的参保人员，地方政府对参保人的缴费补贴、集体补助可以依法继承（优先使用参保人本人的银行账户进行发放，无法发放的，可发放给指定受益人或法定继承人）。

2. 山东省丧葬补助金制度自 2013 年 7 月 30 日起执行。各地区出台丧葬补助政策早于该时间的，按各地政策执行。

3. 参保人员缴费期死亡的,不享受丧葬补助金（具体根据各地区政策执行）。

4. 待遇领取人员自死亡次月停发待遇，待遇领取人员死亡后冒领的养老金应按照规定予以追回。

5. 居民基本养老保险待遇领取人员若同时享受其

他养老保险待遇（包含城镇职工基本养老保险待遇、机关事业单位职工基本养老保险待遇、单独缴纳工伤养老保险而享受一级至四级工伤保险待遇），要核实是否重复领取养老金，重复领取的养老金由各乡镇街道职责机构按照规定予以追回。

6. 对于因死亡原因停发待遇满一年未办理注销登记手续且未多享受待遇的，经办机构经多种渠道确实无法联系到参保人家属（指定受益人或法定继承人），需联系参保人所在村（居）民委员会办理注销登记手续，个人账户封存于社保基金并留存个人相关信息。

五、相关附表

《居民基本养老保险注销登记表》（2023 年涉及省统一流程变更，暂行本表。后期应使用省统一样式）。

居民基本养老保险注销登记表

所属村（居）委会：　　　　　填写日期：　　年　　月　　日

参保人员姓名				
公民身份号码				
注销原因	□已享受其他基本养老保障待遇，起始时间： 　　年　　月			
	□丧失国籍，丧失国籍时间：　　　年　　　月			
	□死亡，死亡时间：　　　年　　月			
	□其他，说明：			
注销日期				
以下为指定受益人或法定继承人填写				
姓名		性别	出生日期	
与参保人关系				
公民身份号码				
联系电话				
居住地址				
银行账号				
银行名称				
申请人承诺： 　　以上填写内容真实无误，如不属实，自愿承担相应的法律责任。 申请人：　　年　　月　　日 　　　　　　　　　　（签章）			县（市、区）社会保险经办机构审核意见： 经办人：　　年　　月　　日 　　　　　　　　　　（签章）	

填表说明：1.填写"注销原因"一栏时，请在相关选项"□"内打"√"。2.互联网渠道受理的,由登录用户的电子身份认证代替纸质签章。

第四节　缴费困难群体享受政府缴费补贴

一、业务概述

具有本市户籍、年满 16 周岁（不含在校学生）、未参加城镇职工基本养老保险和机关事业单位职工基本养老保险的建档立卡未标注脱贫的贫困人口、建档立卡脱贫享受政策的贫困人口、低保对象、特困人员、一级至二级重度残疾，在户籍地参加居民基本养老保险（新型农村社会养老保险）时，政府按照最低标准为其全额代缴养老保险费，同时享受政府补贴。

二、文件依据

1.《山东省人力资源和社会保障厅　山东省财政厅　山东省扶贫开发领导小组办公室关于进一步做好社会保险精准扶贫工作的意见》（鲁人社发〔2017〕37 号）。

2.《人力资源社会保障部办公厅关于加快实现贫困人员城乡居民基本养老保险应保尽保的通知》（人社厅发〔2018〕111 号）。

3.《山东省人力资源和社会保障厅 山东省财政厅 国家税务总局山东省税务局 国家税务总局青岛市税务局关于进一步规范居民基本养老保险有关政策的通知》（鲁人社发〔2023〕19号）。

4.各统筹地区政府制定的其他规范性文件。

三、办理要件

民政部门、残联部门出具的决定材料或证件等。

四、经办风险点解析

1.户籍地参保的符合代缴条件的贫困人员，社会保险 经办机构应与民政、残联、财政部门实行信息共享，直接为其代缴居民基本养老保险费。

2.符合代缴条件的重度残疾人、低保对象、特困人员、脱贫享受政策人口、防返贫监测对象等缴费困难群体，在政府代缴外又自行缴费的（除100元档次外），按照代缴和自行缴费之和对应的缴费档次（无对应缴费档次的，按就近就高缴费档次）的补贴标准给予缴费补贴。

第五节　参保居民基本养老保险待遇暂停／恢复

一、业务概述

"参保居民基本养老保险待遇领取人员待遇暂停"，是指因参保人员出现特定情况，经办机构为确保基金安全或参保人权益，按照有关规定暂时停止发放养老保险待遇的业务。

"参保居民基本养老保险待遇领取人员待遇恢复"，是指处于待遇暂停状态的参保人员，重新具备领取待遇资格后，社会保险经办机构按规定解除待遇暂停发放状态，并从应发之月起补发、续发养老保险待遇的业务。

二、文件依据

1.《人力资源社会保障部关于印发〈城乡居民基本养老保险经办规程〉的通知》（人社部发〔2019〕84号）。

2.《人力资源社会保障部办公厅关于印发〈领取

社会保险待遇资格确认经办规程（暂行）〉的通知》（人社厅发〔2018〕107 号）。

3.《司法部　中央综治办　教育部　民政部　财政部　人力资源社会保障部关于组织社会力量参与社区矫正工作的意见（司发〔2014〕14 号）。

4.《劳动和社会保障部办公厅关于退休人员被判刑后有关养老保险待遇问题的复函》（劳社厅函〔2001〕44 号）。

5.《关于对劳社厅函〔2001〕44 号补充说明的函》（劳社厅函〔2003〕315 号）。

6.《山东省人力资源和社会保障厅　山东省财政厅　国家税务总局山东省税务局　国家税务总局青岛市税务局关于完善居民基本养老保险政策有关问题的通知》（鲁人社发〔2022〕22 号）。

7. 开展城乡居民基本养老保险的地区自行制定的规范性文件及配套文件。

三、办理要件

《退休人员待遇暂停 / 恢复申请表》。

四、经办风险点解析

参保人员出现以下有关情况的，社会保险经办机构应从其出现情况的次月起暂停发放居民养老待遇：

1. 没有通过待遇领取资格认证的。

2. 待遇领取人员在领取养老保险待遇期间被判刑或劳动教养的。

3. 待遇领取人员死亡、丧失国籍或已享受其他基本养老保障待遇（包含城镇职工基本养老保险待遇、机关事业单位职工基本养老保险待遇、单独缴纳工伤养老保险而享受一级至四级工伤保险待遇），未及时提供材料办理注销居民基本养老保险关系的。

4. 待遇领取人员因注销社保卡等原因造成养老金发放失败，而未及时提供新社保卡的。

5. 待遇领取人员因社保卡注销后导致养老金发放失败的，社区（村居）及时告知待遇领取人员提供新办的社保卡，未提供新社保卡的要及时申报暂停待遇，待待遇领取人员提供新社保卡后，社会保险经办机构从暂停发放之月起补发并续发养老保险待遇。

经办过程应注意的其他事项：

1. 在基层平台申报暂停／恢复待遇时，暂停／恢复原因必须选择与申办事由一致。

2. 各乡镇街道、社区务必将每月的待遇领取人员待遇暂停／恢复申请，于规定时间内随待遇登记材料

报至社会保险经办机构。

3. 待遇领取人员在领取养老金期间服刑的，社会保险经办机构停止为其发放养老保险待遇。待服刑期满后，由本人携带刑满释放说明书到乡镇街道职责机构提出待遇恢复申请，社会保险经办机构于其服刑期满后的次月为其恢复发放养老金待遇，服刑期间的待遇不予补发。

第六节　参保居民基本信息变更

一、业务概述

"参保居民基本信息变更"，是指因各种原因，导致参保人现行有效身份信息或其他个人信息与社会保险登记信息不符，影响个人权益，申请社会保险经办机构给予更改、更正或补充登记。

二、文件依据

1.《人力资源社会保障部关于印发〈城乡居民基本养老保险经办规程〉的通知》（人社部发〔2019〕84号）。

2.《山东省人力资源和社会保障厅　山东省财政厅　国家税务总局山东省税务局　国家税务总局青岛市税务局关于完善居民基本养老保险政策有关问题的通知》（鲁人社发〔2022〕22号）。

3.《山东省人力资源和社会保障厅　国家税务总局山东省税务局　国家税务总局青岛市税务局关于印发〈山东省居民基本养老保险经办规程〉的通知》（鲁人社字〔2023〕136号）。

4.各地根据上级规定出台的配套文件。

三、办理要件

身份证、更改事项的有效材料、《城乡居民基本养老保险参保登记表》。

四、经办风险点解析

1.参保人申请变更身份证号码、姓名，乡镇街道职责机构收取相关资料，五个工作日内报送社会保险经办机构和税务部门统一办理。

2.参保人员实行户籍地管理，户口发生变动时，由新户口所在地的乡镇街道职责机构做变更登记。

3.为避免影响待遇发放，待遇领取人员的姓名和身份证号码任一项发生变更时，社区或者乡镇街道职责机构工作人员同时维护待遇领取人的银行账户信息。

注意事项：征缴职责划归税务部门后，参保人在缴费期内申请变更的，乡镇街道职责机构应同时将材料报税务部门办理修改信息；当待遇领取人员的姓名、身份证号码任一项发生变更时，社区或者乡镇街道职责机构工作人员同时在乡镇街道基层平台维护待遇领取人的银行账户信息，避免影响待遇发放。

第七节　居民养老待遇领取人员银行账号变更

一、业务概述

养老待遇领取人员银行账号变更限社会保险经办机构所在地居民基本养老保险待遇领取人员，因社保卡丢失、消磁、注销等原因无法通过社保卡领取养老待遇，而申请更改待遇发放银行账号的业务。

二、文件依据

1.《人力资源社会保障部关于印发〈城乡居民基

本养老保险经办规程〉的通知》（人社部发〔2019〕84号）。

2.《山东省人力资源和社会保障厅　山东省财政厅　国家税务总局山东省税务局　国家税务总局青岛市税务局关于完善居民基本养老保险政策有关问题的通知》（鲁人社发〔2022〕22号）。

3.各地出台的其他相关配套文件。

三、办理要件

1.待遇领取人员的身份证或社保卡。

2.委托他人办理的，同时提供受委托人的身份证。

四、经办风险点解析

1.材料受理环节：须认真审核申请人所提供的证明材料是否完整、真实、准确、齐全，防止因录入的信息不准确、不完整而引起的发放错误等安全隐患。

2.更改事项信息录入环节：须认真核对相关数据，确保录入的银行账号、代发机构名称准确完整。

3.社会保险经办机构须2名以上工作人员操作，认真核实姓名、银行账号、待遇领取标准，确保维护的对象是同一个人；委托他人办理的，应提供委托书和受托人身份证。

4.居民基本养老保险待遇应通过社保卡发放，对临时变更发放渠道的，应提醒当事人尽快补办社保卡。

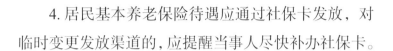

第八节　居民基本养老保险中断／中断恢复

一、业务概述

"居民基本养老保险中断"，指参加居民基本养老保险的居民，因参加城镇职工基本养老保险等原因，申请断缴居民基本养老保险。

"居民基本养老保险中断恢复"，是指处于居民基本养老保险中断缴费状态的居民，申请续缴居民基本养老保险，社会保险经办机构应根据有关规定审核确认，给予恢复。

二、文件依据

1.《人力资源社会保障部关于印发〈城乡居民基本养老保险经办规程〉的通知》（人社部发〔2019〕84号）。

2.《山东省人力资源和社会保障厅　山东省财政厅　国家税务总局山东省税务局　国家税务总局青岛市税务局关于完善居民基本养老保险政策有关问题

的通知》（鲁人社发〔2022〕22 号）。

3. 各地印发的其他相关规范性文件。

三、办理要件

申请人身份证。

四、经办风险点解析

1. 受理申请时应认真核实，确保申请人与当事人是同一个人。

2. 恢复居民基本养老保险参保状态时，必须先查询当事人是否存在多条参保信息，存在多条参保信息的应予以合并。注意当事人恢复前是否处于中断职工养老保险参保状态。

3. 工作人员履行告知义务，告知参保人待达到职工养老保险法定退休年龄时，城镇职工基本养老保险缴费年限不足 15 年的，经个人申请，由社会保险经办机构为其办理城镇职工基本养老保险转入城乡居民基本养老保险手续。待达到城乡居民基本养老保险规定的领取条件时，按照城乡居民基本养老保险办法计发相应待遇，参加城镇职工基本养老保险的缴费年限合并计算为城乡居民基本养老保险的缴费年限。

4. 参保人有企业职工参保历史的，若城镇职工基本养老保险缴费年限满 15 年（含延长缴费至 15 年）的，不予以恢复居民基本养老保险参保状态。经个人申请，由社会保险经办机构将其城乡居民基本养老保险转入城镇职工基本养老保险的，城乡居民基本养老保险个人账户全部储存额并入城镇职工基本养老保险个人账户，按照城镇职工基本养老保险办法计发相应待遇，城乡居民基本养老保险缴费年限不合并计算或折算为城镇职工基本养老保险缴费年限。

第九节　居民基本养老保险关系省内归集

一、业务概述

自 2024 年 1 月 1 日起，取消省内居民基本养老保险转移接续，处于缴费年龄段的参保人在省内迁移户籍，应在新户籍地办理参保登记，无需办理居民基本养老保险关系转移接续手续。达到待遇享受年龄前，由最后参保地（归集地）经办机构归集个人账户基金，归集完成后按规定办理待遇享受手续。

二、文件依据

1.《山东省人力资源和社会保障厅　国家税务总

局山东省税务局　国家税务总局青岛市税务局关于印发山东省居民基本养老保险经办规程的通知》（鲁人社字〔2023〕136号）。

2.《山东省人力资源和社会保障厅　山东省财政厅　国家税务总局山东省税务局　国家税务总局青岛市税务局关于进一步规范居民基本养老保险有关政策的通知》（鲁人社发〔2023〕19号）。

三、办理要件

身份证、户籍地变更后的户口簿。

四、经办风险点解析

1.参保人达到待遇领取年龄前，需要对本人省内所有居民基本养老保险缴费进行归集后才能办理待遇登记。

2.收到职工发出的《居民转职工联系函》后需要对省内所有居民基本养老保险缴费进行归集。

3.办理归集时经办机构应核查参保人省内外参保状态，避免出现重复缴费、应归集未归集以及应转移未转移等情况。

4.居民基本养老保险存在重复缴费（不含被征地农民养老保险政府补贴资金）的，按照"先归集后清退"的原则，由参保人自行选择保留其中一份缴费，其他缴费（扣除政府补贴）由归集地予以退还。

5.待归集地社会保险经办机构按规定为待归集账户计息，除办理被征地政府补贴资金落实、被征地农民个人缴费或被征地农民集体缴费外，不可办理其他业务，也不统计为待归集地参保人数。

6.参保人员办理跨省关系转移接续、城乡养老保险跨制度衔接和注销登记等业务时，最后参保地社会保险经办机构应当先查询参保人员情况并完成账户归集后再行办理。

第十节　居民基本养老保险跨省关系转续

一、业务概述

居民基本养老保险参保人员在缴费期间跨省、市、县进行户籍转移的，由转入地社会保险经办机构接收参保人员的居民养老关系，待转出地社会保险经办机构将参保人员的居民养老关系结清、个人账户储存额一次性划拨至转入地社会保险经办机构指定的银行账户后，再由转入地社会保险经办机构为其办理参保登记手续。

二、文件依据

1.《人力资源社会保障部关于印发〈城乡居民基本养老保险经办规程〉的通知》（人社部发〔2019〕84号）。

2.《山东省人力资源和社会保障厅　山东省财政厅　国家税务总局山东省税务局　国家税务总局青岛市税务局关于完善居民基本养老保险政策有关问题的通知》（鲁人社发〔2022〕22号）。

3.《山东省人力资源和社会保障厅　国家税务总局山东省税务局　国家税务总局青岛市税务局关于印发〈山东省居民基本养老保险经办规程〉的通知》（鲁人社字〔2023〕136号）。

4.《山东省人力资源和社会保障厅　山东省财政厅　国家税务总局山东省税务局　国家税务总局青岛市税务局关于进一步规范居民基本养老保险有关政策的通知》（鲁人社发〔2023〕19号）。

5.各地出台的其他相关配套文件。

三、办理要件

身份证、户籍地变更后的户口簿、城乡居民基本养老保险关系转入申请表。

四、经办风险点解析

1. 社会保险经办机构工作人员应通过社会保险经办系统扫描上传材料，并在当月将参保人员个人账户储存额一次性划拨至转入地社会保险经办机构指定的银行账户，将审批表、转出单据及时寄送转入地社会保险经办机构。

2. 参保人员已经按规定领取城乡居民基本养老保险待遇的，无论户籍是否迁移，其养老保险关系不转移，继续在原参保地领取待遇，待遇领取资格确认工作按照有关规定执行。

第十一节　居民基本养老保险退费

一、业务概述

不符合居民基本养老保险缴费条件的人员缴纳的居民基本养老保险费或参保个人申请退还重复缴纳的养老保险费，社会保险经办机构应依规办理养老保险费退费业务。

二、文件依据

1.《人力资源社会保障部关于印发〈城乡居民基本养老保险经办规程〉的通知》（人社部发〔2019〕84号）。

2.《山东省人力资源和社会保障厅 山东省财政厅 国家税务总局山东省税务局 国家税务总局青岛市税务局关于完善居民基本养老保险政策有关问题的通知》（鲁人社发〔2022〕22号）。

3.参保地区自行制定的规范性配套文件。

三、办理要件

身份证、社保卡（或银行卡）。

四、经办风险点解析

1.为避免退费后，后期又再行记入参保人个人账户，无论税务受理还是参保人网上申报退费业务，社会保险经办机构相关科室在办理退费时，务必首先在社会保险经办系统中根据记账失败原因进行异常处理，处理后能记账的不再办理退费，并通知税务部门或者参保人；做上述处理后仍不能记帐的，在社会保险经办系统中的"综合业务"模块下进行税务异常信息退费处理。

2.退费业务允许申请人请他人代办，但是申请人进行网上申报时，"当前人员角色"要选择"代办人"。

3.缴费困难群体由政府代缴后，个人自愿缴费的，缴费计入个人账户，无需退费。

4.参保居民当年缴费后转为参加职工基本养老保险的，社会保险经办机构按转移接续办法处理，无需退费。

5.现缴费地不是目前户籍地，且此前未在原缴费地办理"参保关系转出"的，应到原缴费地社会保险经办机构办理"参保关系转移"。已转移至目前户籍所在地的，则缴费金额随同转移至目前户籍地个人参保账户，无需办理退费。

第十二节　被征地农民参加城乡居民基本养老保险社保补贴

一、业务概述

被征地农民在土地被征收过程中除获取相应的各类土地征收补偿费用外，根据《山东省土地征收管理办法》（山东省人民政府令第 226 号）的规定，由政府拨付一定数额的财政资金，专门用于被征地对象的养老保障。被征地农民社会养老保障资金的管理和使用纳入居民基本养老保险基金管理体系，在未达到领取待遇条件之前，不得一次性补偿发放给个人或村集体。

二、文件依据

1.《山东省土地征收管理办法》（山东省人民政府令第 226 号）。

2.《山东省被征地农民参加居民基本养老保险办法》（鲁人社发〔2013〕35 号）。

3.《关于对〈山东省被征地农民参加居民基本养老保险办法〉有关条款进行修改的通知》（鲁人社发〔2014〕39 号）。

4.《山东省人力资源和社会保障厅 山东省财政厅 国家税务总局山东省税务局 国家税务总局青岛市税务局关于完善居民基本养老保险政策有关问题的通知》（鲁人社发〔2022〕22 号）。

5.《山东省人力资源和社会保障厅 山东省财政厅 山东省自然资源厅 国家税务总局山东省税务局 国家税务总局青岛市税务局关于印发山东省被征地农民参加居民基本养老保险办法的通知》（鲁人社规〔2023〕3 号）。

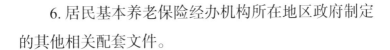

6.居民基本养老保险经办机构所在地区政府制定的其他相关配套文件。

三、办理要件

土地征收补偿安置协议、被征地农民社会养老保险方案、被征地农民参加居民基本养老保险人员花名册、公示照片。

四、经办风险点解析

1.各乡镇（街道、社区）政府（办事处、管委会）指导有关村（居）制定被征地农民《居民养老保险社保补贴实施方案》，经村（居）民代表大会或村（居）民大会通过后，由相关村（居）民委员会负责组织实施；《养老保险社保补贴实施方案》、被征地农民参加居民基本养老保险人员名单经村（居）民代表大会或村（居）民大会通过后，必须进行公示，公示期不得少于三十个工作日。

2.各乡镇（街道、社区）职责机构将材料报至社会保险经办机构或网上申报的，社会保险经办机构必须审核材料是否齐全、正确。社会保险经办机构负责指导各乡镇街道职责机构，对被征地农民参加居民基本养老保险人员中，年满16周岁未参加任何养老保险（包括居民基本养老保险、城镇职工基本养老保险、机关事业单位职工基本养老保险）的居民，先进行居民基本养老保险参保登记，然后对被征地农民参加居民基本养老保险人员进行身份认定、缴费申报维护。

3. 社会保险经办机构将财政参保缴费补贴资金落实到个人账户时，必须首先核实财政补贴拨款是否到位、省国土部门是否已经审批。

4. 关于被征地农民养老保险待遇落实时间的确定，实行"先保后征"的原则。实际工作中，待遇落实时间应结合被征地批复时间和资金到账时间确定，其中，批复时间晚于资金到账时间的，按批复时间落实待遇；批复时间早于资金到账时间的，一般情况下以资金到账时间落实待遇。

5. 社会保险经办机构负责居民基本养老保险的科室会同财务科室，对国土部门转交的"按批次"或"按项目"批复的具体信息，包括"国务院或省政府批文、补偿安置方案、批次或项目征地情况明细表（乡镇名称、村居名称、征地面积、区片价标准、社保费用）"等，作为落实个人账户和申请资金以及确认被征地缴费单据的依据。

6. 社会保险经办机构基金结算科室（财务科）应

设立《被征地农民养老保险备查登记薄》，对开据的财政补贴资金票据按拟征地村居进行登记，用于备查。

7.社会保险经办机构对财政拨款到位资金，暂列"暂收款——被征地财政补贴资金"科目，并将到位资金情况及时填写到《被征地农民养老保险资金到账表》，反馈至社会保险经办机构负责居民基本养老保险的科室，作为落实被征地农民养老保险个人账户的依据。

8.落实被征地农民养老保险个人账户，应由业务科室与财务科室共同完成。社会保险经办机构负责居民基本养老保险的科室负责，在社会保险经办系统中填写"城乡居民基金征缴单据"，财务科负责核实财政拨款资金是否到位、数额是否一致。资金到位、数额一致的，财务科根据《补偿安置方案》和《征地情况明细表》确认缴费单据，冲减"暂收款——被征地财政补贴资金"科目至"基金收入——被征地财政补贴资金"科目。

9.社会保险经办机构财务科室做好与财政专户资金的对账工作，及时申请财政少拨付善额部分资金或退回多拨付的资金（上报征地与实际批复征地有差异的情况下）。

10. 对国土资源部门提供的征地情况明细与乡镇上报的安置协议补偿金额不一致的，自然资源部门提供了补偿安置方案明细后，后期又改变补偿标准的，社会保险经办机构负责居民基本养老保险的科室应反馈至有关乡镇（街道、社区）职责机构，要求组织被征地村（居）委会上报被征地补充协议。社会保险经办机构根据补充协议进行资金分配，落实个人账户。

11. 社会保险经办机构应与自然资源部门建立被征地数据沟通、核对工作机制。

12. 根据"先保后征"原则，财政部门或单独征收土地的单位为办理征地手续预先缴纳的被征地农民养老保险补贴资金，社会保险经办机构应设立专门银行账户管理，确保资金安全，待土地征收机关批复征地文件后，社会保险经办机构应根据村（居）制定的资金分配方案，及时将财政补贴资金计入被征地农民居民养老保险个人账户。

第十三节　居民基本养老保险补缴申报

一、业务概述

"居民养老报补缴申报"，是指缴费人补缴之前年度居民基本养老保险费的，需先到乡镇街道职责机构或者人社部门综合服务部大厅核定补缴金额后，才可以通过税务部门进行缴费。补缴以前的年度居民基本养老保险费，不享受政府补贴。

二、文件依据

1.《人力资源社会保障部关于印发〈城乡居民基本养老保险经办规程〉的通知》（人社部发〔2019〕84号）。

2.《山东省人力资源和社会保障厅　山东省财政厅　国家税务总局山东省税务局　国家税务总局青岛市税务局关于进一步规范居民基本养老保险有关政策的通知》（鲁人社发〔2023〕19号）。

3.居民基本养老保险经办机构所在地区制定的其他有关配套文件。

三、办理要件

申请人身份证。

四、经办风险点解析

1. 居民基本养老保险参保居民当年未缴费的，不允许补缴，也不享受政府补贴。

2. 居民基本养老保险参保居民达到待遇领取年龄，缴费不满 15 年的，可补缴以前年度未缴费年限的养老保险，但不享受补缴期间年限的政府补贴。

第五章　工伤保险

第一节　工伤职工办理更换辅助器具配置（维修或更换）业务

一、业务概述

根据《中华人民共和国社会保险法》和《工伤保险条例》及其实施细则的规定，工伤职工因日常生活或就业需要，经劳动能力鉴定委员会确认，可以安装假肢、矫形器、假眼、假牙和配置轮椅等辅助器具。安装辅助器具时应由用人单位或个人提出申请，经人力资源社会保障部门审批后安装，所需费用按照国家规定的标准从工伤保险基金中支出。

二、文件依据

1.《中华人民共和国社会保险法》（中华人民共和国主席令第 35 号）。

2.《工伤保险条例》（中华人民共和国国务院令第 586 号）。

3.《山东省贯彻〈工伤保险条例〉实施办法》（鲁政发〔2011〕25 号）。

4.《人力资源社会保障部关于印发工伤保险经办规程的通知》（人社部发〔2012〕11 号）。

5.《山东省工伤保险经办业务流程（试行）》（鲁社保发〔2006〕50 号）。

6.《山东省人力资源和社会保障厅关于转发人社部发〔2013〕34 号文件明确工伤保险工作若干问题的通知》（鲁人社发〔2013〕39 号）。

7.《山东省人力资源和社会保障厅　山东省财政厅　国家税务总局山东省税务局　国家税务总局青岛市税务局关于印发〈山东省工伤保险省级统筹经办规程（试行）〉的通知》（鲁人社字〔2023〕135 号）。

8.工伤保险基金统筹地区工伤保险主管机关制定的其他配套文件。

三、办理要件

《工伤职工辅助器具配置申请表》。

四、经办风险点解析

1. 安装辅助器具审批环节，工作人员应结合劳动能力鉴定结论，认真核实用人单位、工伤职工提报的申请内容是否与伤情相匹配。

2. 费用报销尽量采取联网结算，线下手工报销的，社会保险经办机构（工伤保险经办机构）应注意审核发票是否真实。

3. 参保人员住院发票丢失的，由就诊医疗机构提供原始发票的存根复印件（加盖医院公章或财务专用公章），个人作出不重复报销、内容真实可靠的书面承诺书，经分管领导签字同意后按规定审核报销。

五、相关附表

《工伤职工辅助器具配置申请表》。

工伤职工辅助器具配置申请表

单位名称：

姓名	性别	出生年月	社会保障号码		工伤时间
伤残部位及程度	认定书编号		鉴定时间	鉴定结论	护理依赖程度
通讯地址及电话					
个人申请	安装辅助器具名称、项目及理由： 　　　　　　　　　　申请人：　　年　　月　　日				
单位意见	（单位公章） 　　　　　　　　经办人：　　年　　月　　日				
辅助器具配置厂家说明	1. 对配置此器具的说明、承诺（保修范围、期限，预期效果等） 2. 预计费用： 3. 其他： 　　　　　　　　　　　　（单位公章） 　　　　　　经办人：　　年　　月　　日				
社会保险经办机构意见	（单位公章） 分管领导：　　经办人：　　年　　月　　日				
备注					

　　说明：此表一式三份。社会保险经办机构、用人单位、协议配置机构各留存一份。

第二节　工伤职工转诊转院申请确认（工伤职工异地就医登记备案）

一、业务概述

参保人因本地定点医疗机构医疗技术水平或设备条件限制、无法诊治或诊治效果欠佳等原因，本人提出或医院建议，需转异地医院进一步诊治的，应由本地定点医院办理转院证明，社会保险经办机构予以审核备案的业务。

二、文件依据

1.《中华人民共和国社会保险法》（中华人民共和国主席令第 35 号）。

2.《工伤保险条例》（中华人民共和国国务院令第 586 号）。

3.《山东省贯彻〈工伤保险条例〉实施办法》（鲁政发〔2011〕25 号）。

4.《人力资源社会保障部关于印发工伤保险经办规程的通知》（人社部发〔2012〕11 号）。

5.《山东省工伤保险经办业务流程（试行）》（鲁社保发〔2006〕50 号）。

6.《山东省人力资源和社会保障厅关于转发人社部发〔2013〕34 号文件明确工伤保险工作若干问题的通知》（鲁人社发〔2013〕39 号）。

7.《山东省人力资源和社会保障厅　山东省财政厅　国家税务总局山东省税务局　国家税务总局青岛市税务局关于印发〈山东省工伤保险省级统筹经办规程（试行）〉的通知》（鲁人社字〔2023〕135 号）。

8.工伤保险统筹地区工伤保险主管机关制定的其他规范性文件。

三、办理要件

《工伤职工转诊转院申请表》。

四、经办风险点解析

1.经备案异地治疗的工伤职工，应尽量选择联网结算。无法联网结算手工报销的，应一次性告知参保职工报销时应提供的报销材料。

2.治疗非工伤引发的疾病，不享受工伤医疗待遇。

五、相关附表

《工伤职工转诊转院审批表》。

工伤职工转诊转院审批表

单位名称：

姓名		性别		出生年月	
身份证号码			社会保障号码		
联系人地址及电话					
工伤时间		伤残部位及程度		认定书编号	
拟转入医院名称、级别					
经治科室意见	科主任： 经办人： 年 月 日				
院医保办审核意见	经办人： （单位盖章） 年 月 日				
单位意见	经办人： （单位盖章） 年 月 日				
社保经办机构意见	科室负责人： 经办人： （单位盖章） 年 月 日				
备注					

说明：此表一式二份。社会保险经办机构留存一份；职工单位一份与其他医疗票据一同作为报销依据。

第三节　　工伤职工旧伤复发治疗申请备案

一、业务概述

发生工伤职工因旧伤复发或连续治疗时，向社会保险经办机构（工伤保险经办机构）申请治疗备案。

二、文件依据

1.《中华人民共和国社会保险法》（中华人民共和国主席令第 35 号）。

2.《工伤保险条例》（中华人民共和国国务院令第 586 号）。

3.《山东省贯彻〈工伤保险条例〉实施办法》（鲁政发〔2011〕25 号）。

4.《人力资源社会保障部关于印发工伤保险经办规程的通知》（人社部发〔2012〕11 号）。

5.《山东省工伤保险经办业务流程（试行）》（鲁社保发〔2006〕50 号）。

6.《山东省人力资源和社会保障厅关于转发人社部发〔2013〕34 号文件明确工伤保险工作若干问题

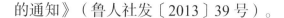

的通知》（鲁人社发〔2013〕39号）。

7.《山东省人力资源和社会保障厅 山东省财政厅 国家税务总局山东省税务局 国家税务总局青岛市税务局关于印发〈山东省工伤保险省级统筹经办规程（试行）〉的通知》（鲁人社字〔2023〕135号）。

8. 工伤保险统筹地区工伤保险主管机关制定的其他规范性文件。

三、办理要件

1.《工伤职工旧伤复发治疗申请表》。

2.《认定工伤决定书》（社会保险经办机构内部核验，无法共享核验的需自行提供）。

四、经办风险点解析

社会保险经办机构（工伤保险经办机构）在办理备案手续时注意审查，对于治疗非工伤引发的疾病，不享受工伤医疗待遇。

五、相关附表

《工伤职工旧伤复发治疗申请表》。

工伤职工旧伤复发治疗申请表

单位名称：

姓名		性别		出生年月		社会保障号码	
工伤时间		伤残部位及程度				身份证号码	
联系人地址及电话							
认定书编号		经治医院		鉴定时间		鉴定结论	
个人申请（本次伤情及治疗项目）		申请人： 年 月 日					
单位意见		（单位盖章） 经办人： 年 月 日					
协议医院初步诊断意见		（单位盖章） 科主任： 主治医师： 年 月 日					
社会保险经办机构意见		（单位盖章） 科室负责人： 经办人： 年 月 日					

说明：1. 此表一式二份。社会保险经办机构留存一份；职工本人一份与其他医疗票据一同作为报销依据。

2. 审批之前发生的医疗费用不予报销。

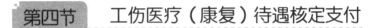

第四节　工伤医疗（康复）待遇核定支付

一、业务概述

经工伤保险行政主管部门认定为工伤的职工，其治疗期间发生的符合报销范围内的医疗（康复）费用，应按规定由工伤保险基金支付。

工伤医疗费包括医疗费用明细清单（药物、检查、治疗、手术、化验等每项的名称、用量、次数，单价，每项总价）、有效报销单据（有财政部门监制章或税务部门监制章和就诊医院收费专用章）。《工伤保险条例》规定：职工发生事故伤害，所在单位应当自事故伤害发生之日起三十日内，向工伤保险行政部门提出工伤认定申请。

二、文件依据

1.《中华人民共和国社会保险法》（中华人民共和国主席令第35号）。

2.《工伤保险条例》（中华人民共和国国务院令第586号）。

3.《山东省贯彻〈工伤保险条例〉实施办法》（鲁政发〔2011〕25号）。

4.《人力资源社会保障部关于印发工伤保险经办规程的通知》（人社部发〔2012〕11号）。

5.《山东省工伤保险经办业务流程（试行）》（鲁社保发〔2006〕50号）。

6.《山东省人力资源和社会保障厅关于转发人社部发〔2013〕34号文件明确工伤保险工作若干问题的通知》（鲁人社发〔2013〕39号）。

7.《山东省人力资源和社会保障厅　山东省财政厅　国家税务总局山东省税务局　国家税务总局青岛市税务局关于印发〈山东省工伤保险省级统筹经办规程（试行）〉的通知》（鲁人社字〔2023〕135号）。

8.工伤保险统筹地区工伤保险主管机关制定的其他规范性文件。

三、办理要件

《认定工伤决定书》（社会保险经办机构内部核验，无法共享核验的需自行提供），《工伤保险待遇申请表》一式两份。

1.门诊治疗：发票原件、门诊病历（原件及复印件）、费用清单。

2. 住院治疗：住院发票原件、住院病历复印件、住院费用汇总清单。

3. 转出统筹地区外治疗：《工伤职工转诊转院／异地居住就医申请备案表》。

4. 因第三方原因（如交通事故、受到暴力等意外伤害的）造成的工伤，需相关的事故民事赔偿调解书或法院出具的裁决书、执行书等其他相关民事赔偿材料。属于遭受暴力伤害的，还需提供公安机关出具的赔偿证明资料。

四、经办风险点解析

1. 职工因交通事故或其他事故伤害被认定工伤或视同工伤的，其待遇按总额补差的办法支付，申报工伤待遇支付时应附带相关责任认定书和赔偿调解书等。

2. 因参保人员住院发票丢失的，由就诊医疗机构提供原始发票的存根复印件（加盖医院公章或财务专用公章），个人作出不重复报销、发票内容真实可靠的书面承诺书，经分管领导签字同意后按规定审核报销。

第五节　一次性伤残补助金核定支付

一、业务概述

一次性伤残补助金，是社会保险（工伤保险）经办机构根据工伤保险政策规定，给予因工伤致残的劳动者的一次性职业伤害补偿。给付标准依据劳动鉴定机构评定的伤残等级，最多为伤残职工本人 27 个月的工资。

二、文件依据

1.《中华人民共和国社会保险法》（中华人民共和国主席令第 35 号）。

2.《工伤保险条例》（中华人民共和国国务院令第 586 号）。

3.《山东省贯彻〈工伤保险条例〉实施办法》（鲁政发〔2011〕25 号）。

4.《人力资源社会保障部关于印发工伤保险经办规程的通知》（人社部发〔2012〕11 号）。

5.《山东省工伤保险经办业务流程（试行）》（鲁

社保发〔2006〕50号）。

6.《山东省人力资源和社会保障厅关于转发人社部发〔2013〕34号文件明确工伤保险工作若干问题的通知》（鲁人社发〔2013〕39号）。

7.《山东省人力资源和社会保障厅 山东省财政厅 国家税务总局山东省税务局 国家税务总局青岛市税务局关于印发〈山东省工伤保险省级统筹经办规程（试行）〉的通知》（鲁人社字〔2023〕135号）。

8.工伤保险统筹地区工伤保险主管机关制定的其他规范性文件。

三、办理要件

1.《劳动能力鉴定委员会鉴定结论通知书》（社会保险经办机构通过数据共享内部核验，无法共享核验的需自行提供）。

2.《认定工伤决定书》（社会保险经办机构通过数据共享内部核验，无法共享核验的需自行提供）。

3.工伤职工本人社保卡复印件。

四、经办风险点解析

1.一次性伤残补助金由社会保险经办机构以社银直联方式发放至参保人社保账户。

2.注意审查解除劳动合同时间是否超过法定退休年龄。

第六节　一次性医疗补助金核定支付

一、业务概述

一次性工伤医疗补助金，是社会保险经办机构根据工伤保险政策规定，对因工伤致残，经劳动能力鉴定委员会鉴定为五至十级伤残的职工，经本人提出并与用人单位解除或者终止劳动关系的；或因工致残被鉴定为七至十级伤残，劳动合同期满终止或者本人提出解除劳动合同的职工，由工伤保险基金一次性支付的医疗保障费用。

二、文件依据

1.《中华人民共和国社会保险法》（中华人民共和国主席令第 35 号）。

2.《工伤保险条例》（中华人民共和国国务院令第 586 号）。

3.《山东省贯彻〈工伤保险条例〉实施办法》（鲁政发〔2011〕25 号）。

4.《人力资源社会保障部关于印发工伤保险经办规程的通知》（人社部发〔2012〕11号）。

5.《山东省工伤保险经办业务流程（试行）》（鲁社保发〔2006〕50号）。

6.《山东省人力资源和社会保障厅关于转发人社部发〔2013〕34号文件明确工伤保险工作若干问题的通知》（鲁人社发〔2013〕39号）。

7.《山东省人力资源和社会保障厅　山东省财政厅　国家税务总局山东省税务局　国家税务总局青岛市税务局关于印发〈山东省工伤保险省级统筹经办规程（试行）〉的通知》（鲁人社字〔2023〕135号）。

8.工伤保险统筹地区工伤保险主管机关制定的其他规范性文件。

三、办理要件

1.《工伤认定决定书》（社会保经办机构通过数据共享内部核验，无法共享核验的需自行提供）。

2.《劳动能力鉴定委员会鉴定结论通知书》（社会保经办机构通过数据共享内部核验，无法共享核验的需自行提供）。

3.《工伤保险待遇申请表》一式两份。

4.解除或终止劳动合同的相关材料。

5.工伤职工本人社保卡复印件。

四、经办风险点解析

1.一次性医疗补助金待遇由社会保险经办机构以社银直联方式发放至参保人社保账户。

2.审查解除劳动合同时间是否超过法定退休年龄。

第七节　工伤辅助器具配置（更换）费用核定支付

一、业务概述

工伤职工因日常生活或就业需要，经劳动能力鉴定委员会确认，可以安装假肢、矫形器、假眼、假牙和配置轮椅等辅助器具，由用人单位提出申请，经市工伤审批部门审批后安装，所需费用按照国家规定的标准从工伤保险基金中支出。

二、文件依据

1.《中华人民共和国社会保险法》（中华人民共和国主席令第 35 号）。

2.《工伤保险条例》（中华人民共和国国务院令第 586 号）。

3.《山东省贯彻〈工伤保险条例〉实施办法》（鲁政发〔2011〕25 号）。

4.《人力资源社会保障部关于印发工伤保险经办规程的通知》（人社部发〔2012〕11 号）。

5.《山东省工伤保险经办业务流程（试行）》（鲁社保发〔2006〕50 号）。

6.《山东省人力资源和社会保障厅关于转发人社部发〔2013〕34 号文件明确工伤保险工作若干问题的通知》（鲁人社发〔2013〕39 号）。

7.《山东省人力资源和社会保障厅　山东省财政厅　国家税务总局山东省税务局　国家税务总局青岛市税务局关于印发〈山东省工伤保险省级统筹经办规程（试行）〉的通知》（鲁人社字〔2023〕135 号）。

8. 工伤保险统筹地区政府或工伤保险主管机关制定的其他规范性文件。

三、办理要件

1.《工伤职工辅助器具配置申请表》。

2.《认定工伤决定书》。

3.《配置辅助器具确认通知书》。

4.发票、费用明细。

5.工伤职工本人社保卡复印件。

四、经办风险点解析

1.协议辅助器具配置机构应根据核定的配置项目和标准为工伤职工配置辅助器具。超出核定标准的，工伤保险基金不予支付。

2.参保人员住院发票丢失的，由就诊医疗机构提供原始发票的存根复印件（加盖医院公章或财务专用公章），个人作出不重复报销、发票内容真实可靠的书面承诺书，经分管领导签字同意后按规定审核报销。

五、相关附表

《工伤职工辅助器具配置申请表》。

工伤职工辅助器具配置申请表

单位名称：

姓名	性别	出生年月	社会保障号码	工伤时间

伤残部位及程度	认定书编号	鉴定时间	鉴定结论	护理依赖程度

通讯地址及电话	
个人申请	安装辅助器具名称、项目及理由： 申请人：　　年　　月　　日
单位意见	（单位公章） 经办人：　　年　　月　　日
辅助器具配置厂家说明	1. 对配置此器具的说明、承诺（保修范围、期限，预期效果等） 2. 预计费用： 3. 其他： （单位公章） 经办人：　　年　　月　　日
社会保险经办机构意见	（单位公章） 分管领导：　　经办人：　　年　　月　　日
备注	

说明：此表一式三份。社会保险经办机构、用人单位、协议配置机构各留存一份。

第八节　一至四级工伤职工退出生产岗位核准

一、业务概述

根据工伤保险法律法规的规定，职工因工致残被鉴定为一级至四级伤残的，保留劳动关系，退出工作岗位，享受相应工伤保险待遇。退出生产岗位的一级至四级工伤职工应由社会保险经办机构办理核准手续。

退出生产岗位的职工可享受以下工伤保险待遇：

1. 从工伤保险基金中按伤残等级一次性领取伤残补助金；

2. 从工伤保险基金中按月领取伤残津贴，伤残津贴实际金额低于当地最低工资标准的，由工伤保险基金补足差额；

3. 工伤职工达到退休年龄并办理退休手续后，停发伤残津贴，按照国家规定享受基本养老保险待遇，基本养老保险待遇低于伤残津贴的由工伤保险基金补足差额。

职工因工致残被鉴定为一级至四级伤残的，由用人单位和职工个人以伤残津贴为基数，缴纳基本医疗保险费。

二、文件依据

1.《中华人民共和国社会保险法》（中华人民共和国主席令第 35 号）。

2.《工伤保险条例》（中华人民共和国国务院令第 586 号）。

3.《山东省贯彻〈工伤保险条例〉实施办法》（鲁政发〔2011〕25 号）。

4.《人力资源社会保障部关于印发工伤保险经办规程的通知》（人社部发〔2012〕11 号）。

5.《山东省工伤保险经办业务流程（试行）》（鲁社保发〔2006〕50 号）。

6.《山东省人力资源和社会保障厅关于转发人社部发〔2013〕34 号文件明确工伤保险工作若干问题的通知》（鲁人社发〔2013〕39 号）。

7.《因工死亡职工供养亲属范围规定》（中华人民共和国人力资源社会保障部令第 18 号）。

8.《山东省人力资源和社会保障厅　山东省财政厅　国家税务总局山东省税务局　国家税务总局青岛市税务局关于印发〈山东省工伤保险省级统筹经办规程（试行）〉的通知》（鲁人社字〔2023〕135号）。

9.工伤保险统筹地区政府或工伤保险主管机关制定的其他规范性文件。

三、办理要件

1.《认定工伤决定书》（社会保经办机构通过数据共享内部核验，无法共享核验的需自行提供）。

2.《一级至四级工伤职工退出工作岗位申请表》一式两份。

3.《劳动能力鉴定委员会鉴定结论通知书》（社会保经办机构通过数据共享内部核验，无法共享核验的需自行提供）。

4.工伤职工本人社保卡复印件。

四、经办风险点解析

1.受理业务时应注意审查申报材料是否齐全。

2.应建立台账，对享受定期工伤保险待遇的一级至四级工伤职工达到退休年龄、符合办理退休手续的应提醒用人单位、职工本人，基本养老保险待遇高于工伤保险待遇的，高出部分应通过基本养老保险基金发放。

3. 每年应进行生存认证。

五、相关附表

1.《一级至四级工伤职工退出工作岗位申请表》。

2.《企业工伤职工定期伤残待遇审批表》。

1. 一级至四级工伤职工退出工作岗位申请表

单位名称：

姓名		社会保障号码	
性别		公民身份证号码	
工种		参加工作时间	
工伤时间		工伤认定书编号	
鉴定时间		工伤鉴定书编号	
伤残级别		护理依赖程度	
居住地址		联系电话	
本人工资（受伤前12个月平均缴费工资）			元
伤残津贴	本人工资的　　　%		元
护理费	市上年度职工月平均工资　　%		元
每月领取定期伤残待遇总额			元
职工本人退出工作岗位申请： 职工本人签字： 　　年　　月　　日		呈报单位意见： （单位公章） 　　年　　月　　日	

单位经办人：　　　　　　联系电话：

此表一式两份，需职工本人提出申请并签字。

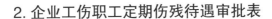

2. 企业工伤职工定期伤残待遇审批表

填报单位：

姓名		出生年月日	年　月　日
性别		公民身份证号码	
身份		参加工作时间	
工种		工伤时间	
鉴定时间		伤残级别	
护理依赖程度		本人工资收入	
退岗后详细居住地址			

定期伤残待遇标准	伤残抚恤金	本人工资收入的　%	元
	护理费	全市上年度职工月平均工资的　%	元
	每月应领取定期伤残待遇总额		元

本人意见：	呈报单位意见：	审批意见：
（签字） 年　月　日	（盖章） 年　月　日	（盖章） 年　月　日

第九节　工亡待遇（工亡补助金、丧葬补助金）核定支付

一、业务概述

一次性工亡补助金，是指在职工因工死亡后，社会保险经办机构按照工伤保险规定的标准，从工伤保险基金中对其直系亲属支付的一次性赔偿。

丧葬补助金，是指职工因工死亡的，以及伤残职工在停工留薪期内因工导致死亡的、一级至四级伤残职工在停工留薪期满后死亡的，社会保险经办机构按照规定从工伤保险基金中为其直系亲属发放的丧葬费用补助。

二、文件依据

1.《中华人民共和国社会保险法》（中华人民共和国主席令第 35 号）。

2.《工伤保险条例》（中华人民共和国国务院令第 586 号）。

3.《山东省贯彻〈工伤保险条例〉实施办法》（鲁

政发〔2011〕25 号）。

4.《人力资源社会保障部关于印发〈工伤保险经办规程〉的通知》（人社部发〔2012〕11 号）。

5.《山东省工伤保险经办业务流程（试行）》（鲁社保发〔2006〕50 号）。

6.《山东省人力资源和社会保障厅关于转发人社部发〔2013〕34 号文件明确工伤保险工作若干问题的通知》（鲁人社发〔2013〕39 号）。

7.《山东省人力资源和社会保障厅 山东省财政厅 国家税务总局山东省税务局 国家税务总局青岛市税务局关于印发〈山东省工伤保险省级统筹经办规程（试行）〉的通知》（鲁人社字〔2023〕135 号）。

8.工伤保险统筹地区政府或工伤保险主管机关制定的其他规范性文件。

三、办理要件

1.《认定工伤决定书》（社会保经办机构通过数据共享内部核验，无法共享核验的需自行提供）。

2.《工伤保险待遇申请表》一式两份。

四、经办风险点解析

因第三方原因（如交通事故、受到暴力等意外伤害的）造成的工伤，需相关的事故民事赔偿调解书或法院出具的裁决书、执行书等其他相关民事赔偿材料。属于遭受暴力伤害的，还需提供公安机关出具的赔偿证明资料。

第十节　工亡职工供养亲属核准

一、业务概述

供养亲属抚恤金，是指职工发生因工死亡、伤残职工在停工留薪期内因工伤导致死亡、以及一级至四级伤残职工在停工留薪期满后死亡等情况，社会保险经办机构按照工亡职工在职时本人工资的一定比例，发给由该职工生前提供主要生活来源、无劳动能力的亲属，用于维持基本生活等费用的补偿。

二、文件依据

1.《中华人民共和国社会保险法》（中华人民共和国主席令第 35 号）。

2.《工伤保险条例》（中华人民共和国国务院令第 586 号）。

3.《山东省贯彻〈工伤保险条例〉实施办法》（鲁政发〔2011〕25号）。

4.《人力资源社会保障部关于印发工伤保险经办规程的通知》（人社部发〔2012〕11号）。

5.《山东省工伤保险经办业务流程（试行）》（鲁社保发〔2006〕50号）。

6.《山东省人力资源和社会保障厅关于转发人社部发〔2013〕34号文件明确工伤保险工作若干问题的通知》（鲁人社发〔2013〕39号）。

7.《因工死亡职工供养亲属范围规定》（中华人民共和国人力资源和社会保障部令第18号）。

8.《山东省人力资源和社会保障厅　山东省财政厅　国家税务总局山东省税务局　国家税务总局青岛市税务局关于印发〈山东省工伤保险省级统筹经办规程（试行）〉的通知》（鲁人社字〔2023〕135号）。

9.工伤保险统筹地区政府或工伤保险主管机关制定的其他规范性文件。

三、办理要件

1.《工亡职工供养亲属申请表》一式两份。

2.申请被供养人身份证、户口簿原件及复印件。

3.承诺书。

4.申请被供养人完全丧失劳动能力的，还需提供《劳动能力鉴定结论书》（社会保险经办机构通过数据共享方式内部核验，无法共享核验的需自行提供）。

5.供养亲属本人社保卡复印件。

四、经办风险点解析

1.社会保险经办机构应对工亡职工供养亲属是否符合条件进行资格核定。

2.对符合供养条件的工亡职工亲属，每年应进行享受待遇资格审查，如未成年子女享受待遇时间、配偶是否再婚、享受待遇的高龄人员生存状况等。

第十一节　按项目参加工伤保险未及时进行实名登记发生工伤后待遇核定支付

一、业务概述

开展建筑领域按项目参保的地区，参保单位对施工期内参加工伤保险的施工人员应进行实名登记。因未按动态实名制管理要求及时进行实名登记的，发生事故伤害被认定工伤的，用人单位、职工申请社会保险经办机构（工伤保险经办机构）支付工伤待遇时，社会保险经办机构经调查属实，可以核定并支付工伤保险待遇。

二、文件依据

1.《人力资源社会保障部　住房城乡建设部　安全监管总局　全国总工会关于进一步做好建筑业工伤保险工作的意见》（人社部发〔2014〕103号）。

2.《中华人民共和国社会保险法》（中华人民共和国主席令第35号）。

3.《工伤保险条例》（中华人民共和国国务院令第586号）。

4.《山东省贯彻〈工伤保险条例〉实施办法》（鲁政发〔2011〕25号）。

5.《人力资源社会保障部关于印发〈工伤保险经办规程〉的通知》（人社部发〔2012〕11号）。

6.《山东省工伤保险经办业务流程（试行）》（鲁社保发〔2006〕50号）。

7.《山东省人力资源和社会保障厅关于转发人社部发〔2013〕34号文件明确工伤保险工作若干问题的通知》（鲁人社发〔2013〕39号）。

8.工伤保险统筹地区政府或工伤保险主管机关制

定的其他规范性文件。

三、办理要件

1.用工单位未按动态实名制管理要求及时进行实名登记需办理变更增员时间的情况说明。

2.社会保险经办机构调查笔录及相关证明资料。

3.社会保险经办机构会议纪要，或者领导签字的同意变更社保登记信息的授权书。

4.申请工伤保险待遇的材料。

注：以上"办理要件"，各地应以事实为依据，根据各地区经办特点制定。

四、经办风险点解析

1.做出决定前，审查、论证社会保险经办机构工作人员的调查是否专业严谨。

2.被调查单位和个人是否如实提供真实信息。

3.社保经办系统中，受伤害人"参保时间"的修改，须经社会保险经办机构集体研究通过。

第六章　失业保险及就业创业业务

一、业务概述

法定劳动年龄内，有劳动能力，有就业要求，处于无业状态的城镇常住人员在常住地的公共就业和人才服务机构进行失业登记。

二、文件依据

《人力资源社会保障部关于修改〈就业服务与就业管理规定〉的决定》（人力资源社会保障令第 23 号）。

三、办理要件

社会保障卡或身份证件。

四、经办风险点解析

无。

第二节　就业困难人员认定

一、业务概述

失业保险经办机构根据《山东省就业促进条例》的规定，对下列登记失业的人员，认定为"就业困难人员"，实行优先扶持和重点帮助：

1. 女性四十周岁、男性五十周岁以上的人员。

2. 城镇零就业家庭成员。

3. 农村零转移就业贫困家庭成员。

4. 抚养未成年子女的单亲家庭成员。

5. 享受最低生活保障人员。

6. 持有《中华人民共和国残疾人证》人员。

7. 连续失业一年以上的人员。

8. 因失去土地等原因难以实现就业的人员。

9.设区的市人民政府规定的其他人员。

二、文件依据

《山东省就业促进条例》(鲁政发〔2004〕35号)。

三、办理要件

1.身份证或社会保障卡(港澳台人员可持港澳台居民居住证、港澳台居民来往内地通行证、台湾居民来往大陆通行证),在常住地登记的非本地户籍人员同时提供居住证。

2.抚养未成年子女的单亲家庭提供丧偶或离异相关证明,享受最低生活保障人员提供低保证,残疾人员提供《中华人民共和国残疾人证》,农村零转移就业贫困家庭成员提供零转移就业贫困家庭证明材料,失地农民提供失地证明等。

3.《就业困难人员认定表》。

四、经办风险点解析

不符合人员类别条件的不予认定,不享受优先扶持政策。

五、相关附表

《××市就业援助对象申报认定表》。

××市就业援助对象申报认定表

姓名		性别		民族	
出生年月		联系电话		文化程度	
身份证号码			现常住地址		
户口所在地	县（市、区）　　街道（镇）　　社区（村）				

申请就业援助对象类别：

□ 1.大龄失业人员（女性40周岁、男性50周岁以上的人员）；

□ 2.困难家庭大中专毕业生；

□ 3.连续失业一年以上的人员；

□ 4.城镇零就业家庭成员；

□ 5.农村零转移就业贫困家庭成员；

□ 6.享受最低生活保障人员；

□ 7.抚养未成年子女的单亲家庭成员；

□ 8.有劳动能力的残疾人；

□ 9.就业困难的刑释解教人员；

□ 10.因失去土地等原因难以实现就业的人员。

个 人 声 明

本人承诺，以上信息和提报材料情况属实，未与任何单位签订《劳动合同》或形成事实劳动关系，未从事任何经营活动或事实的就业创业行为。

如与实际情况不一致，自愿放弃享受就业困难人员援助有关政策。

申请人（签字）：

年　　月　　日

街道（乡镇）人力资源社会保障机构审核意见	单位盖章 经办人：　　　　　年　　月　　日
县级人力资源社会保障机构审核意见	单位盖章 经办人：　　　　　年　　月　　日

第三节 用人单位吸纳就业困难人员社会保险补贴申领

一、业务概述

失业保险经办机构根据失业保险统筹地区政府或失业保险主管机关制定的政策对招用"就业困难人员"用人单位，按规定标准对用人单位为就业困难人员实际缴纳的社会保险费给予补贴（不包括个人应缴纳部分）。

二、文件依据

1.《山东省就业促进条例》（鲁政发〔2004〕35号）。

2. 失业保险统筹地区政府或失业保险主管机关制定的就业补助资金管理办法。

三、办理要件

1. "就业困难人员"身份信息。

2. 代发工资银行的发放工资明细账（单）等。

四、经办风险点解析

用工企业需为"就业困难人员"办理就业备案，签订有效劳动合同，缴纳养生、工伤、失业、医疗、生育五项社会保险费，按时足额发放工资，所招人员均需从事全日制工作。

第四节　乡村公益性岗位补贴申领

一、业务概述

乡镇街道、村（居）可以根据《山东省城乡公益性岗位扩容、提质行动方案》的规定，为在村（居）从事公益性岗位的人员申领"乡村公益性岗位补贴"。"乡村公益性岗位补贴"由县级人力资源社会保障部门负责，按照不低于当地小时最低工资标准或月最低工资标准，依据岗位类型、劳动时间等因素确定，按月发放。同一人员的岗位补贴期限一般不超过 3 年。

二、文件依据

1.《山东省人民政府办公厅关于印发〈山东省城乡公益性岗位扩容提质行动方案〉的通知》（鲁政办字〔2021〕137 号）。

2.《山东省人力资源和社会保障厅 山东省财政厅 山东省农业农村厅关于印发〈山东省城乡公益性岗位开发管理暂行办法〉的通知》（鲁人社规〔2021〕5号）。

3.失业保险统筹地区政府或失业保险主管机关制定的开展城乡公益性岗位扩容提质行动的文件。

三、办理要件

1.《××市乡村公益性岗位补贴资金审批表》。

2.《××市乡村公益性岗位补贴资金申请明细表》。

3.《××市乡村公益性岗位人员考勤考核表》。

四、经办风险点解析

1.村（居）委会具体负责乡村公益性岗位人员日常考勤工作，补贴发放时注意考核是否正常。

2.补贴发放时应注意审查乡村公益性岗位人员是否存在工商注册、股东信息登记或死亡等不符合补贴申领条件的情况。

3.乡村公益性岗位人员是否到龄或服务期满。

4.审查乡村公益性岗位人员是否已缴纳社保并在单位发放工资情况。

5. 乡村公益性岗位在岗人员应购买意外伤害保险。（已购买的不再重复购买。）

第五节　城镇公益性岗位补贴申领

一、业务概述

根据《山东省城乡公益性岗位扩容提质行动方案》的规定，从事"城镇公益性岗位"的人员可以申领政府补贴。补贴标准由县级人民政府按照不低于当地月最低工资标准，依据岗位类型、劳动时间等因素确定。同一人员岗位补贴期限一般不超过3年，岗位待遇按月发放。社会保险补贴标准参照用人单位依法为上岗人员实际缴纳的社会保险费（不包括个人应缴纳部分）执行。"城镇公益性岗位补贴"的审核和发放工作由县级人力资源社会保障部门具体负责。

二、文件依据

1.《山东省人民政府办公厅关于印发〈山东省城乡公益性岗位扩容提质行动方案〉的通知》（鲁政办字〔2021〕137号）。

2.《山东省人力资源和社会保障厅 山东省财政厅 山东省农业农村厅关于印发〈山东省城乡公益性岗位开发管理暂行办法〉的通知》（鲁人社规〔2021〕5号）。

3. 失业保险统筹地区政府或失业保险主管机关制定的开展城乡公益性岗位扩容提质行动的文件。

三、办理要件

1.《××市城镇公益性岗位补贴资金审批表》。

2.《××市城镇公益性岗位补贴资金申请明细表》。

3.《工资发放银行流水》。

4.《××市城镇公益性岗位人员考勤考核表》。

5.《电子收据》。

四、经办风险点解析

1. 各乡镇（街道）政府（办事处）负责城镇公益性岗位人员的管理与用工审核补贴时应关注日常考勤是否正常。

2. 注意审查城镇公益性岗位人员是否存在工商注册、股东信息登记或死亡等不符合补贴申领条件的情况。

3. 城镇公益性岗位人员是否到龄或服务期满。

4. 审查城镇公益性岗位人员是否已有单位缴纳社保并发放工资。

五、相关附表

1.《××市城镇公益性岗位补贴资金审批表》。

2.《××市城镇公益性岗位补贴资金申请明细表》。

3.《××市城镇公益性岗位人员考勤考核表》。

1.××市城镇公益性岗位补贴资金审批表

开发单位名称：

		本次岗位补贴申请月份	年　月	本次岗位补贴申请金额	元
岗位补贴申请人数	人	本次社保补贴申请月份	年　月	本次社保补贴申请金额	元
社保补贴申请人数	人				
本次岗位补贴和社保补贴申请金额合计					元
开发单位审查 经办人签字： 分管领导签字： （盖章） 年　月　日		人社部门审查 经办人签字： 科室负责人签字： （盖章） 年　月　日			

253

2. ×× 市城镇公益性岗位补贴资金申请明细表

开发单位（盖章）：

年　月　日　　　　　　　　　　　单位：元

序号	姓名	身份证号码	人员类别	岗位名称	工资发至月份	社保缴至月份	岗位补贴		社保补贴	
							申请金额	申请月份	申请金额	申请月份
1										
2										
3										
4										
5										
合计								—		—

人社所负责人：　　　　　　　制表人：　　　　　　　联系电话：

备注：人员类别包括城镇零就业家庭人员、城镇大龄失业人员、4050 失业人员、享受最低生活保障人员、连续失业登记满一年以上人员、抚养未成年子女单亲家庭成员失业人员、持有有效期内残疾证失业人员等群体。

3.××市城乡公益性岗位人员考勤考核表（　　年　　月）

序号	姓名	日期 1	2	3	4	5	6	7	8	9	10	11	12	13	14	15	16	17	18	19	20	21	22	23	24	25	26	27	28	29	30	31	出勤统计	休班统计	请假统计	旷工统计	迟到统计	早退统计	月度考核情况

用人单位考勤承诺	以上考勤情况均根据公岗人员本月实际出勤情况而真实记录，月度考核情况均根据公岗人员本月实际工作表现情况而真实作出评价，不存在伪造考勤记录、优亲厚友考核等违规情况。若存在违规情况，自愿接受上级纪检监察部门调查处理。 公岗管理员签字： 单位负责人签字： （盖章） 　　　　年　　月　　日
镇街区开发单位审核意见	人社所所长签字： （盖章） 　　　　年　　月　　日

备注：1. 考勤记录标记：√出勤　△休班　O请假　X旷工　C迟到　Z早退

　　　2. 月度考核等级：好、较好、一般、差。

第六节　灵活就业人员申领社会保险补贴

一、业务概述

对就业困难人员以"灵活就业"的方式参加企业职工社会保险并缴纳社会保险费的，可以根据《山东省就业促进条例》的规定申领社会保险补贴。社会保险补贴标准为：不超过灵活就业人员本人实际缴费的2/3。

二、文件依据

1.《山东省就业促进条例》（鲁政发〔2004〕35号）。

2.失业保险统筹地区政府或失业保险主管机关制定的就业补助资金管理的文件。

三、办理要件

社会保障卡（或复印件）。

四、经办风险点解析

1.领取补贴期间实现就业且由单位依法缴纳职工社会保险费的，不享受社会保险补贴待遇。

2.因违法犯罪被判处有期徒刑的，服刑期间不能参加社会保险和享受补贴待遇。

3. 应严格把握"就业困难人员"标准。

第七节　家政服务业从业人员 意外伤害保险补贴申领

一、业务概述

根据山东省家政服务从业人员意外伤害保险补贴相关政策规定，家政服务机构为 16—60 周岁家政服务业从业人员（不包括管理人员）购买意外伤害保险（或含意外伤害保险的商业综合保险）的，按照"购买意外伤害保险缴费数额 50%"的标准给予补贴，每人每年不高于 60 元。政策落实工作由县级人力资源社会保障部门会同同级财政部门具体负责。

二、文件依据

1.《山东省就业补助资金管理办法》（鲁财社〔2018〕86 号）。

2.《山东省人力资源和社会保障厅　山东省财政厅关于加快推动家政服务业从业人员意外伤害保险补贴政策落地落实的通知》（鲁人社字〔2019〕94 号）。

3.失业保险统筹地区政府或失业保险主管机关制定的促进高校毕业生等重点群体就业政策的文件。

三、办理要件

1.家政服务机构营业执照复印件或统一社会信用代码。

2.保险经办机构出具的保险费收费发票和被保险人名单复印件。

3.家政服务机构与从业人员签订的劳动合同或劳务（服务）协议。

4.被保险人身份证复印件。

四、经办风险点解析

1.申领补贴人员是否为符合条件的16周岁至60周岁从业人员（不包括管理人员）。

2.一个年度内，同一名从业人员在不同家政服务机构多次参加人身意外伤害保险的，按照参保时间先后，只补贴最先投保的家政服务机构。

3.申领主体为家政服务机构和从事家政服务的个体工商户，从事家政服务的个人不能申领。

五、相关附表

《××市家政服务机构意外伤害保险补贴申请表》。

××市家政服务机构意外伤害保险补贴申请表

填报单位（盖章）：　　　申请时间：　　　年　　月　　日

名称		证照号码	
注册地址		邮政编码	
法人代表 （负责人）		联系电话	
户名、开 户银行及 账号			
单位人数		投保人数	投保金额	
定点商业 保险机构		拟申请补贴金额	
单位承诺	本单位郑重承诺： 　　此次申请材料、信息真实有效。知晓骗取就业补助资金的刑事责任后果。若违反承诺，一经查实，此次申请补贴无效，并承担一切法律后果。 　　法人代表（负责人）签字： 　　　　　　　　　　　　年　　月　　日		
县级公共就业服务机构审核意见： 　　　　　　　审核人：（签章） 　　　　　　　　　　　年　　月　　日			
县级人力资源和社会保障局审核意见： 　　　　　　　审核人：（签章） 　　　　　　　　　　　年　　月　　日			

第八节　新就业形态灵活就业意外伤害保险补贴申领

一、业务概述

根据山东省鲁政办发〔2020〕19号文件规定，对依托电子商务、网络预约出租汽车、外卖、快递等新业态平台灵活就业，办理就业登记且购买意外伤害保险的人员，按照"购买保险费数额50%"的标准，给平台企业或个人予以补贴。补贴数额每人每年不高于60元。具体政策由县级人力资源社会保障部门所属公共就业服务机构负责落实。

二、文件依据

1.《山东省人民政府办公厅关于支持多渠道灵活就业二十条措施的通知》（鲁政办发〔2020〕19号）。

2.《国务院办公厅关于支持多渠道灵活就业的意见》（国办发〔2020〕27号）。

3.失业保险统筹地区政府或失业保险主管机关制定的促进高校毕业生等重点群体就业政策的文件。

三、办理要件

个人申报材料：

1. 申请补贴人员的身份证复印件。

2.《××市新就业形态灵活就业意外伤害保险补贴申请表》。

3. 新业态平台企业与就业人员签订的劳动合同或劳务协议（含三方协议）复印件。

（4）商业保险机构出具的保险费收费发票复印件。

平台企业申报材料：

1.《××市新就业形态灵活就业意外伤害保险补贴申请表》。

2. 新业态平台企业营业执照原件及复印件。

3. 商业保险机构出具的保险费收费发票和被保险人名单。

4. 新业态平台企业与就业人员签订的劳动合同或劳务（服务）协议复印件。

四、经办风险点解析

1. 是否为新业态平台企业且为就业人员办理就业登记并购买意外伤害保险。

2. 新就业形态灵活就业意外伤害保险实行"先缴后补"。

3. 经审核确认的意外伤害保险补贴人员信息，应在政府网站进行公示，公示期不少于 5 个工作日。

4. 经复核、审批确认，纳入政策享受范围的单位和个人，由县级人力资源社会保障部门所属公共就业服务机构将补贴资金直接支付给申请平台企业银行账户。

5. 新就业形态灵活就业意外伤害保险补贴材料应整理归档备查。

五、相关附表

《××市新业态灵活就业意外伤害保险补贴申请表》。

××市新业态灵活就业意外伤害保险补贴申请表

单位名称（盖章）：　　　　统一社会信用代码：　　　　　　年　月　日

序号	姓名	身份证号	移动电话	劳务协议或劳动合同起止时间		灵活就业岗位名称	商业保险机构名称	投保时间	意外伤害保险补贴标准（元·年）	补贴金额（元）
				起始时间	终止时间					
1										
2										
3										
4										
合计										

开户银行		开户账号	

公共就业和人才服务机构审核意见：

经办人：（签章）　　　　　　　　审核人：（签章）

　　　年　月　日　　　　　　　　　　年　月　日

填表人　　　　　　联系电话

备注：

1. 此表一式两份，单位加盖公章。

2. 申请单位需提供真实资料并据实填报信息，新业态灵活就业人员必须符合申请条件。如与实际情况不一致，承担相应责任。

第九节 高校毕业生社会保险补贴申领

一、业务概述

"高校毕业生社会保险补贴",是指对招用毕业年度高校毕业生、离校 2 年内未就业的高校毕业生且与之签订 1 年以上劳动合同并缴纳职工社会保险费的小微企业和对离校 2 年内未就业高校毕业生以灵活就业身份参加企业职工社会保险的人员,按规定给予社会保险补贴。

二、文件依据

1.《山东省财政厅 山东省人力资源和社会保障厅关于印发〈山东省就业补助资金管理办法〉的通知》(鲁财社〔2018〕86 号)。

2. 失业保险统筹地区政府或失业保险主管机关制定的做好高校毕业生社会保险补贴有关工作以及应对疫情稳就业政策的文件。

三、办理要件

1. 符合条件的小微企业向工商注册地的人力资源

与社会保障局提交补贴申请，并提供《小微企业招用高校毕业生社会保险补贴申领表》（包括姓名、身份证号码、毕业证号码、毕业年度、电话号码等，并经本人签字）、银行代单位发放工资明细账（单），企业银行账户信息等。

2. 符合条件的高校毕业生向灵活就业登记地的人力资源与社会保障部门提供《高校毕业生灵活就业社会保险补贴申领表》（包括姓名、身份证号码、毕业证号码、毕业年度、电话号码、灵活就业情况、社会登记信息，并经本人签字）、本人身份证。

四、经办风险点解析

1. 关于补贴期限：小微企业招用毕业年度高校毕业生社会保险补贴最长不超过 1 年；灵活就业高校毕业生补贴期限最长不超过 2 年。

2. 中小微企业划型标准参照《工业和信息化部国家统计局　国家发展和改革委员会　财政部关于印发〈中小企业划型标准规定〉的通知》（工信部联企业〔2011〕300 号）。

3. 高校毕业生社会保险补贴不能与就业困难人员社会保险补贴重复享受。

4. 高校毕业生社会保险补贴标准：按企业或个人

实际缴纳的社会保险费给予补贴（不包括个人应缴部分）。

第十节　青年就业见习补贴申领

一、业务概述

"就业见习补贴"，是指各地区根据《山东省人民政府关于进一步强化就业优先政策做好稳就业保就业工作的通知》，对在见习岗位上的未就业青年发放就业见习补贴。

补贴对象：离校 3 年内有见习意愿的高校毕业生和处于失业状态的 16-24 周岁青年。

补贴条件及标准：见习单位应为见习人员按月足额发放不低于当地最低工资标准的基本生活费，并为见习人员购买意外伤害保险。高校毕业生参加就业见习满 3 个月后，见习单位可为其缴纳社会保险，并继续享受就业见习补贴。见习期限一般为 3—6 个月，最长不超过 12 个月。补贴标准为当地最低工资标准的 60%，对见习期满留用率达到 50% 以上的见习单位，见习补贴标准提高至最低工资标准的 70%。

就业见习人员实行自愿报名，根据各地发布的见习单位和岗位信息按规定报名参加，允许跨行政区域参加就业见习。各市可参照省里的人员认定细则制定具体认定办法。

二、文件依据

1.《山东省人民政府关于进一步强化就业优先政策做好稳就业保就业工作的通知》（鲁政字〔2021〕136号）。

2.失业保险统筹地区政府或失业保险主管机关制定的实施就业见习万岗募集计划的文件。

三、办理要件

1.《山东省就业见习基本生活补助经费花名册》、见习单位发放基本生活补助的银行凭证、见习单位为见习人员购买的意外伤害保险发票及保单复印件等相关材料。

2.见习期内提前离岗、提前留用或见习期满，须提交《山东省青年就业见习终止证明》《山东省青年就业见习鉴定表》。

3.见习期满留用率达到50%以上的单位，提供与留用人员签订的劳动合同复印件、社会保险费征缴机构出具的社会保险缴费明细账（单）。

以上材料由用人单位在山东省公共就业人才服务网上服务大厅"就业见习"模块填写或提交扫描件。

四、经办风险点解析

1. 就业见习补贴期限以见习人员实际在岗时间计算（毕业前参加就业见习的高校毕业生未留用的，不给予毕业生在校期间的见习补贴）。同一见习人员的就业见习补贴只可享受一次，不得重复享受。

2. 就业见习补贴用于见习人员基本生活、为见习人员办理人身意外伤害保险以及对见习人员的指导管理，不得挪作他用。

第十一节　失业保险金申领

一、业务概述

"失业保险金申领"，是指参加失业保险的企事业单位职工在失业期间，符合领取失业保险待遇条件的，可按社会保险法的规定，向失业保险经办机构申领失业保险金。

二、文件依据

1.《中华人民共和国社会保险法》（中华人民共和国主席令第 35 号）。

2.《失业保险条例》（中华人民共和国国务院令第 258 号）。

3.《山东省失业保险规定》（山东省人民政府令第 161 号）。

4.《山东省人力资源和社会保障厅关于推进"畅通领、安全办"进一步提升失业保险服务质效的通知》（鲁人社函〔2020〕10 号）。

三、办理要件

1. 社会保障卡或身份证件。

2.《解除劳动合同证明书》（用人单位提供）。

3. 职工个人档案。

四、经办风险点解析

1. 应注意审查是否符合社会保险法规定的领取失业保险金条件。同时具备下列条件的失业人员，可以领取失业保险金：（一）按规定参加失业保险，所在单位和本人已按照规定履行缴费义务满 1 年；（二）非因本人意愿中断就业；（三）已办理失业登记，并有求职要求。

2.严格按照失业保险缴费月数计算失业保险待遇。

3.在领取失业保险金期间发生以下情形之一的，应停止发放失业保险待遇：（一）重新就业的；（二）应征服兵役的；（三）移居境外的；（四）享受基本养老保险待遇的；（五）在劳动教养或判刑收监执行期间的；（六）无正当理由，拒不接受当地政府指定的部门或者机构介绍工作的；（七）法律、法规规定的其他情形。

4.通过劳务派遣机构、人力资源服务机构办理失业并领取失业保险金的，应重点审查是否存在虚构劳动关系缴纳社会保险费的情况。

5.涉嫌用人单位虚构劳动关系缴纳社会保险费、领取失业保险待遇的，应按规定予以追回已经发放的待遇。

五、相关附表

《失业保险金申领登记表》。

失业保险金申领登记表

姓名		身份证号码	
户口所在地		联系电话	
原工作单位			
社保卡号或建行银行账号			
现常住地			
是否领取过失业金			
解除劳动合同原因		解除劳动合同时间	
失业保险缴费起止时间	年　　月至　　年　　月，共计缴费　　月。		
失业保险享受期限从　　年　　月至　　年　　月， 共计　　月， 失业保险享受数额：　　　元/月。			
申请人： 签字： 　年　月　日	审核意见： 签字： 　年　月　日		复核意见： 签字： 　年　月　日

第十二节 生育补助金申领

一、业务概述

"生育补助金申领"，是指女性失业人员在领取失业保险金期间，符合国家和省计划生育规定生育的，可以根据《山东省失业保险规定》，持失业登记证明、生育证明、生育医疗费用报销凭证，向当地社会保险（失业保险）经办机构申领生育补助金。

具备网上受理、办理条件的地区，可以开通全程网办，免申即享服务。

二、文件依据

《山东省失业保险规定》（山东省人民政府令第161号）。

三、办理要件

1. 身份证。

2. 生育证复印件（核验原件）。

3. 出院结算单据。

4. 出生医学证明。

5.社保卡复印件（核验原件）。

6.《××市就业转失业人员生育补助待遇申领审核档案》。

四、经办风险点解析

1.注意审核就业转失业人员生育时间是否在领取失业保险金期间。

2.生育补助金计算是否正确无误；生育是否符合国家政策规定。

3.生育补助金应通过职工社保卡以"社银直联"方式发放；对发放不成功的应查明原因。

五、相关附表

《××市失业人员生育补助金审批表》。

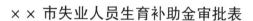

××市失业人员生育补助金审批表

姓名		性别	
身份证号码			
失业证编号		联系电话	
户口所在市、区			
领取失业保险金起止时间	年　　月　　至　　年　　月		
分娩时间	年　　　月		
批准补助金额		Y：　　　　元	
审批意见	根据《山东省失业保险条例》规定，经审查该同志符合享受生育补助条件。 （盖章）		

复核人：　　　　　　　　审核人：　　　　　　　　经办人：

　　　　　　　　　　　填表日期：　　　年　　月　　日

第十三节　失业人员丧葬补助金

和抚恤金申领

一、业务概述

"失业人员丧葬补助金和抚恤金申领"，是指失业人员在领取失业金期间死亡的，失业保险经办机构根据《社会保险法》《失业保险条例》《山东省失业保险规定》等法律法规，参照当地对在职职工死亡的规定，向其遗属发给一次性丧葬补助金和抚恤金。

二、文件依据

1.《中华人民共和国社会保险法》（中华人民共和国主席令第 35 号）。

2.《失业保险条例》（中华人民共和国国务院令第 258 号）。

3.《山东省失业保险规定》（山东省人民政府令第 161 号）。

4.《人力资源社会保障部　财政部关于印发〈企业职工基本养老保险遗属待遇暂行办法〉的通知》（人

社部发〔2021〕18号）。

三、办理要件

1. 死亡证明（火化证明、死亡户籍注销证明）。

2. 领取人身份证明原件及复印件。

3. 领取人社保卡（银行卡）复印件（核验原件）。

4.《领取失业保险金期间职工因病或非因工死亡待遇申报表》。

四、经办风险点解析

1. 注意审查就业转失业人员死亡时间是否在领取失业保险金期间。

2. 死亡丧葬抚恤待遇计算是否正确无误。

3. 丧葬补助金和抚恤金通过社银直联方式拨付至领取人提供的社保卡账户或银行卡账户。

五、相关附表

《领取失业保险金期间职工因病或非因工死亡待遇申报表》。

领取失业保险金期间职工
因病或非因工死亡待遇申报表

姓名		性别		参加工作时间	
身份证号码				职工身份	
在外地是否参保				具体参保地	
养老保险缴费年限核定					
养老保险实际缴费年限：自　　年　　月至　　年　　月 计　　年　　月					
养老保险视同缴费年限：自　　年　　月至　　年　　月 计　　年　　月					
养老保险累计缴费年限合计　　年　　月					
收款人姓名			收款人身份证号		
收款人电话			收款人银行账号		
收款人与死亡人员关系			单位或居委会名称		
待遇标准		丧葬补助金		抚恤金	合计

领取人签字：

年　　月　　日

经办：　　　复核：　　　稽核：　　　科长复核：

第十四节　技能提升补贴申领

一、业务概述

"技能提升补贴申领"，是指参加失业保险并累计缴纳失业保险费12个月（含12个月）的企业职工，参加人力资源社会保障部门组织的技能提升培训学习并取得初级（五级）、中级（四级）、高级（三级）职业资格证书职业技能等级证书的，可在一年内申领"技能提升补贴"。失业保险经办机构审核符合领取条件后予以发放。

"累计缴纳失业保险费12个月（含12个月）"，是指职工缴纳失业保险费起至"职业资格证书或职业技能等级证书核发之日"的累计缴费月数。

二、文件依据

1.《山东省人力资源和社会保障厅　山东省财政厅　山东省发展和改革委员会　山东省工业和信息化厅关于进一步做好失业保险支持企业稳定就业岗位的通知》（鲁人社字〔2019〕85号）。

2.《山东省人力资源和社会保障厅　山东省财政厅关于明确失业保险技术技能提升补贴有关问题的通知》（鲁人社字〔2020〕189号）。

三、办理要件

线上办理，无需提交证明材料。

四、经办风险点解析

1. 申请职工必须是企业在职职工或领取失业保险金期间的失业职工，并交纳失业保险费12个月以上。

2. 取得证书符合条件的企业在职职工需在证书批准日期12个月内提出申请。

3. 职工取得的职业资格证书或职业技能等级证书需在人力资源社会保障部职业技能鉴定中心、人事考试中心等全国联网查询系统上查询到。

4. 各级失业保险经办机构不再受理证书上的批准日期晚于2020年12月31日的专业技术人员职业资格证书技术技能提升补贴业务。

5. 自2021年1月1日起，符合条件的企业在职职工享受技术技能提升补贴每人每个自然年度不得超过3次，同一职业（工种）同一等级不可重复享受，同一职业（工种）享受高级别证书补贴的不再享受低

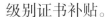

级别证书补贴。

6.技术技能提升补贴和职业培训补贴不可同时享受。

第十五节　失业保险关系转移

一、业务概述

参保职工跨省或省内跨统筹地区重新就业的，失业保险关系应随之转迁，缴费年限累计计算。

二、文件依据

1.《人力资源社会保障部办公厅　财政部办公厅关于畅通失业保险关系跨省转移接续的通知》（人社厅发〔2021〕85号）。

2.《山东省人力资源和社会保障厅　山东省财政厅关于失业保险关系跨统筹地区转迁有关问题的暂行通知》（鲁人社字〔2021〕7号）。

3.《山东省失业保险省级统筹经办规程（暂行）》（鲁人社字〔2022〕170号）。

三、办理要件

1. 社会保障卡、身份证明。

2. 参保地或户籍地人社部门失业基金账户信息。

四、经办风险点解析

1. 档案材料是否完整。

2. 转移金额是否出现错误。

3. 是否严格按照失业保险缴费月数计算失业保险待遇。

五、相关附表

《××市失业保险金异地转出明细表》。

××市失业保险金异地转出明细表

单位：元

姓名			身份证号码		
享受月数	失业保险金标准	失业保险金小计	备注		转出金额合计
			按应享受失业保险金总额的1.5倍转移		
转出金额合计 （大写）					
职工原工作单位					
转入地账户全称					
开户银行					
帐号					
备注					

第十六节　失业保险稳岗返还

一、业务概述

"失业保险稳岗返还",是指失业保险经办机构根据失业保险统筹地区相关政策规定,对采取有效措施不裁员、少裁员,稳定就业岗位、依法足额缴纳失业保险费的企业,通过失业保险基金列支给予稳定岗位补贴。

二、文件依据

1.《山东省人力资源和社会保障厅关于应对新冠肺炎疫情做好援企稳岗工作的通知》(鲁人社字〔2022〕46 号)。

2.《山东省人力资源和社会保障厅　山东省财政厅　国家税务总局山东省税务局关于贯彻落实失业保险稳岗位提技能防失业政策的通知》(鲁人社发〔2022〕12 号)。

三、办理要件

《××市失业保险稳岗返还单位承诺书》。

四、经办风险点解析

1. 核发失业稳岗返还补贴时应注意审查用人单位是否足额缴纳失业保险费。

2. 用人单位裁员率是否低于全国城镇调查失业率。

3. 补贴金额是否计算准确。

4. 审查企业是否为"失信企业"、是否符合国家环保政策。

五、相关附表

《××××年××市失业保险稳岗返还单位承诺书》。

××××年××市失业保险稳岗返还单位承诺书

单位基本信息					
单位名称			社保单位编号		
统一社会信用代码			法人代表		
联系人		手机号码		上年度裁员率	
单位划型			返还比例		
返还金额			收款支行		
收款账户名称			收款账号		

注：收款账户信息填写对公账户信息，无对公账户的小微企业可填写缴纳社会保险费账户信息

返还资金用途		
项目	人数	金额
职工生活补助		
缴纳社会保险费		
转岗培训		
技能提升培训		

本单位自愿承诺如下：

1.我单位已核对以上信息，确认信息准确，我单位无异议。

2.2021年1月1日至今，我单位无违反环保法律法规行为，符合环保政策。

3.2021年1月1日至今，我单位非严重违法失信企业，非"僵尸企业"，非进入破产程序且与职工解除劳动关系的企业。

4.2021年1月1日至今，我单位生产经营活动符合国家及所在区域产业结构调整政策。

5.我单位领取稳岗返还资金后将按本表承诺的用途项目使用，不用于其他开支。

我单位以上承诺完全属实，并严格遵守承诺事项。如违反以上承诺，自愿退回2022年领取的全部稳岗返还资金，纳入社会保险领域严重失信企业名单，承担虚假承诺骗取失业保险基金的法律责任。

承诺单位（公章）：　　　　　法定代表人（签字）：

年　　月　　日

第十七节　培训机构代领职业培训补贴

一、业务概述

辖区经人力资源社会保障部门备案的各类职业技能培训机构，按照要求开展政府补贴性培训。经培训合格并符合领取职业培训补贴的人员，培训机构可以按照补贴审批流程，向当地公共就业和人才服务机构申请，代领职业培训补贴。

二、文件依据

1.《山东省人民政府办公厅关于印发〈山东省职业技能提升行动实施方案（2019—2021年）〉的通知》（鲁政办发〔2019〕24号）。

2.《山东省人力资源和社会保障厅　山东省财政厅关于印发〈山东省职业技能提升行动（2019—2021年）专账资金管理办法〉的通知》（鲁人社字〔2020〕55号）。

3.《国务院办公厅关于印发〈职业技能提升行动实施方案（2019—2021年）〉的通知》（国办发〔2019〕24号）。

三、办理要件

1. 居民身份证复印件。

2. 群体身份材料，包括全日制高等院校在校生学生证、毕业证、残疾人证、退役军人证、企业在职职工劳动合同书。个人身份信息、低保人员信息、建档立卡贫困劳动力信息、就业失业登记信息、社保信息等。

3. 职业资格证书、职业技能等级证书、专项职业能力证书、特种作业操作证、特种设备作业人员证、培训合格证书等证书复印件。

4. 代领职业培训补贴协议书。

5. 税务发票或行政事业性收费票据。

6.《××市职业培训补贴、职业技能鉴定补贴审批表》。

四、经办风险点解析

1. 仔细查验材料是否齐全。

2. 认真核实培训机构提交材料的真实性。

3. 负责培训管理的公共就业人才服务机构，应在培训机构开展培训期间检查培训开展情况，并对师资力量、培训质量进行过程性评估。

4.同一人员职业培训补贴和技术技能提升补贴不可同时享受。

5.人力资源社会保障部门应对职业培训补贴发放情况向社会公示，接受社会监督。

6.职业培训补贴资金专款专用。

五、相关附表

1.《××市职业培训补贴、职业技能鉴定补贴审批表》。

2.《关于开展职业技能培训工作评估验收的请示》。

1.×× 市职业培训补贴、职业技能鉴定补贴审批表

（章）　　　　　申报时间：　　年　　月　　日

培训单位		负责人	签（章）
地　　址		电　　话	
培训人数		鉴定人数	
享受培训补贴人数		享受鉴定补贴人数	
培训时间专业情况			
申请培训补贴金额		合计金额	
申请鉴定补贴金额			
市就业培训工作领导小组验收意见	（章） 　　年　　月　　日		
市人力资源和社会保障局审核意见	（章） 　　年　　月　　日		
市财政局审批意见	（章） 　　年　　月　　日		

本表一式四份，市财政局、人社局核算中心、就业培训工作领导小组办公室、培训单位各一份。

2.关于开展职业技能培训工作评估验收的

请　示

××市就业培训工作领导小组办公室：

　　我单位承担××××年××市政府补贴性培训任务，并按照相关文件要求开展职业技能培训工作。现有×××个××名学员已培训合格，请与评估验收。相关档案材料一并报送。以下为参与评估验收具体班期信息。

　　例：××××培训学校202101期婴幼儿照护，2021年1月1日—2021年1月21日，30人。

单位全称（章）

××××年××月××日

第十八节　培训机构代领职业技能鉴定补贴

一、业务概述

辖区内经人力资源社会保障行政部门备案的各类职业技能培训机构，按照要求开展政府补贴性培训，经培训鉴定合格的，培训机构按照补贴审批流程向当地公共就业和人才服务机构申请，代领职业技能鉴定补贴。

二、文件依据

1.《山东省人民政府办公厅〈关于印发山东省职业技能提升行动实施方案（2019—2021 年）〉的通知》（鲁政办发〔2019〕24 号）。

2.《山东省人力资源和社会保障厅　山东省财政厅关于印发〈山东省职业技能提升行动（2019—2021 年）专账资金管理办法〉的通知》（鲁人社字〔2020〕55 号）。

3.《国务院办公厅关于印发〈职业技能提升行动

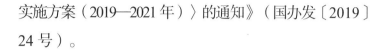

实施方案（2019—2021 年）〉的通知》（国办发〔2019〕24 号）。

三、办理要件

1. 居民身份证复印件。

2. 职业资格证书、专项职业能力证书、职业技能等级证书复印件。

3. 税务发票或行政事业性收费票据。

4. 代领职业技能鉴定补贴协议书。

5.《××市职业培训补贴、职业技能鉴定补贴审批表》。

四、经办风险点解析

1. 仔细查验材料是否齐全。

2. 认真核对培训机构提交材料的真实性。

3. 人力资源社会保障部门应对鉴定培训补贴发放情况向社会公示，接受社会监督。

五、相关附表

1.《××市职业培训补贴、职业技能鉴定补贴审批表》。

2.《关于开展职业技能培训工作评估验收的请示》。

1. ××市职业培训补贴、职业技能鉴定补贴审批表

（章）　　　　　　申报时间：　　年　　月　　日

培训单位		负责人	签（章）
地　　址		电　　话	
培训人数		鉴定人数	
享受培训补贴人数		享受鉴定补贴人数	
培训时间专业情况			
申请培训补贴金额		合计金额	
申请鉴定补贴金额			
市就业培训工作领导小组验收意见	（章） 年　　月　　日		
市人力资源和社会保障局审核意见	（章） 年　　月　　日		
市财政局审批意见	（章） 年　　月　　日		

　　本表一式四份，市财政局、人社局核算中心、就业培训工作领导小组办公室、培训单位各一份。

2.关于开展职业技能培训工作评估验收的

请　示

×× 市就业培训工作领导小组办公室：

我单位承担 ×××× 年 ×× 市政府补贴性培训任务，并按照相关文件要求开展职业技能培训工作。现有 ××× 个 ×× 名学员已培训合格，请予评估验收。相关档案材料一并报送。以下为参与评估验收具体班期信息。

例：×××× 培训学校 202101 期婴幼儿照护，2021 年 1 月 1 日—2021 年 1 月 21 日，30 人。

单位全称（章）

×××× 年 ×× 月 ×× 日

第十九节　一次性创业补贴申领

一、业务概述

"一次性创业补贴"，是指为鼓励创业带动就业，政府对首次领取小微企业营业执照（2013年10月1日以后登记注册）、正常经营且为职工缴纳社会保险费12个月以上的创业人员（企业法人）按规定给予一次性补贴。

补贴标准：首次领取微企业营业执照的创业人员（企业法人）、离职或在职创业的乡镇事业单位专业技术人员，给予1.5万元的一次性创业补贴，其中，对科技型小微企业创业人员提高到2万元。

对首次领取个体工商户营业执照（2018年1月1日以后注册），正常经营且按规定缴纳职工社会保险费6个月以上的创业人员，给予2000元的一次性创业补贴。

具体补贴标准以各地政府制定的文件为准。

二、文件依据

1.《山东省人力资源和社会保障厅　山东省财政厅

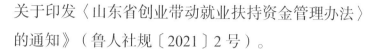

关于印发〈山东省创业带动就业扶持资金管理办法〉的通知》（鲁人社规〔2021〕2号）。

2.《山东省人民政府关于进一步稳定和扩大就业的若干意见》（鲁政发〔2018〕30号）。

3.《山东省人民政府印发〈关于积极应对新冠肺炎疫情做好稳就业工作的若干措施〉的通知》（鲁政发〔2020〕5号）。

4.各地出台的创业带动就业扶持资金方面的文件。

三、办理要件

小微企业一次性创业补贴办理要件：

（1）营业执照原件及复印件。

（2）创业者居民身份证或社会保障卡（港澳台人员可持港澳台居民居住证、港澳居民来往内地通行证、台湾居民来往大陆通行证）。

（3）申请补贴时近4个季度的企业所得税纳税申报表（或个人所得税经营所得纳税申报表）。

（4）《一次性创业补贴申领表》。

个体工商户一次性创业补贴办理要件：

（1）营业执照原件及复印件。

（2）创业者居民身份证或社会保障卡（港澳台人员可持港澳台居民居住证、港澳居民来往内地通行证、台湾居民来往大陆通行证）。

（3）《一次性创业补贴申领表》。

四、经办风险点解析

1.申请一次性创业补贴要求小微企业必须在当地社会保险经办机构立户，且法人在该账户缴纳社会保险费满 12 个月。个体工商户正常经营并在申请前连续缴满职工社会保险满 6 个月。

2.首次领取小微企业营业执照，一是要注意"首次"，二是要注意"小微企业"。小微企业认定标准参照《关于印发〈中小企业划型标准规定〉的通知》（工信部联企业〔2011〕300 号）规定执行。

3.时间节点：小微企业于 2013 年 10 月 1 日后注册成立，个体工商户于 2018 年 1 月 1 日后注册成立，时间以营业执照时间为准。

4.企业提供的企业所得税纳税申报表（或个人所得税经营所得纳税申报表)应能够体现企业正常运行。

五、相关附表

《一次性创业补贴申领表》。

一次性创业补贴申领表

姓名		性别		民族		联系电话	
证件类型		证件号码					
个体工商户或小微企业名称				统一社会信用代码			
创业者人员类别	□高校毕业生　□农民工　□失业人员　□复转退军人 □乡镇事业单位专业技术人员　　□其他						
经营地址	市　　　区（市） 街道（镇）			注册（成立）日期			
缴纳职工社会保险时间	年　　月　　日—　　年　　月　　日						
补贴类别	□小微企业一次性创业补贴 □个体工商户一次性创业补贴						
小微企业开户行：　　　　　　　　银行账号：							
个 人 声 明 　　本人承诺提供材料符合事实和政策依据，如与政策、事实不符，自愿退回申请的创业扶持资金，并承担一切法律责任。 　　　　　　　　　　　　　　　　　　申请人（签字）： 　　　　　　　　　　　　　　　　　　　年　　月　　日							
公共就业和人才服务机构审核意见							
审核意见				补贴金额			
经办人（签章）： 年　　月　　日		审核人（签章）： 年　　月　　日			审核人（签章）： 年　　月　　日		

第二十节　一次性创业岗位开发补贴申领

一、业务概述

"一次性创业岗位开发补贴"，是指政府对2013年10月1日以后注册成立，吸纳登记失业人员和毕业年度高校毕业生（不含创业者本人）并与其签订1年及以上期限劳动合同，按月向招用人员支付不低于当地最低工资标准的工资报酬，并按规定为职工缴纳社会保险费12个月以上的小微企业，按照申请补贴时创造就业岗位数量和每个岗位2500元的标准，给予一次性补贴。

二、文件依据

1.《山东省人力资源和社会保障厅　山东省财政厅关于印发〈山东省创业带动就业扶持资金管理办法〉的通知》（鲁人社规〔2021〕2号）。

2.《山东省人民政府关于进一步稳定和扩大就业的若干意见》（鲁政发〔2018〕30号）。

3.《山东省人民政府印发〈关于积极应对新冠肺

炎疫情做好稳就业工作的若干措施〉的通知》（鲁政发〔2020〕5号）。

4. 各地出台的创业带动就业扶持资金方面的文件。

三、办理要件

1. 营业执照原件及复印件。

2. 招用人员名单。

3. 银行代发工资明细账（加盖公章）。

4. 申请补贴时近4个季度的企业所得税纳税申报表（或个人所得税经营所得纳税申报表）。

5. 高校毕业生出具的毕业证书复印件。

6.《一次性创业岗位开发补贴申领表》。

四、经办风险点解析

1. 申请一次性创业岗位开发补贴的小微企业，应在当地社会保险经办机构立户，且为招用人员（毕业年度高校毕业生、登记失业人员）在该账户缴纳社会保险满12个月。对企业法人是否缴费并无要求。

2. 首次领取小微企业营业执照。一是要注意"首次"，二是要注意"小微企业"。小微企业认定标准参照《关于印发〈中小企业划型标准规定〉的通知》

（工信部联企业〔2011〕300号）规定执行。

3.申请单位提供的账户为小微企业在银行开立的基本账户。

4.时间节点：2013年10月1日后注册成立，时间以营业执照时间为准。

5.企业提供的企业所得税纳税申报表（或个人所得税经营所得纳税申报表）应能够体现企业正常运行。

五、相关附表

《一次性创业岗位开发补贴申领表》。

一次性创业岗位开发补贴申领表

单位名称（盖章）：　　　　　　统一社会信用代码：　　　　　　　　　　　　　　　年　月　日

序号	姓名	身份证号	工作岗位	招用人员类别	劳动合同（协议）起止时间		社会保险缴纳时间		补贴金额（元）
					开始时间	终止时间	开始时间	终止时间	
1									
2									
3									
4									
5									
合　计									

开户银行		开户账号					填表人		联系电话

公共就业和人才服务机构审核意见：

经办人：（签章）　　　　　　审核人：（签章）　　　　　　审核单位（盖章）
　　　年　月　日　　　　　　　　年　月　日　　　　　　　　年　月　日

备注：

1. 申领企业需与员工签订1年及以上期限劳动合同，按月向招用人员支付不低于当地最低工资标准的工资报酬，并按规定为其缴纳职工社会保险费12个月以上。
2. 招用人员类别为"登记失业人员"或"毕业年度高校毕业生"。
3. 小微企业认定标准按照工业和信息化部、国家统计局、国家发展和改革委员会、财政部《关于印发中小企业划型标准规定的通知》（工信部联企业〔2011〕300号）规定执行。
4. 申请企业需提供真实资料并据实填报信息，小微企业吸纳人员必须符合申请条件。如与实际情况不一致，应退回资金，承担相应法律责任。

第二十一节　创业场所租赁补贴申领

一、业务概述

"创业场所租赁补贴"，是指政府对"高层次高技能人才、返乡农民工、就业困难人员、毕业 5 年内全日制高等院校毕业生"租用独立经营场地创办小微企业（2016 年 1 月 1 日以后登记注册），正常经营满 12 个月以上，并且未享受场地租赁费用减免的，给予创业场所租赁补贴。

补贴标准：每人每年补贴标准不高于 5000 元，补贴期限最长不超过 3 年。同一创业者注册多个创业实体的，不重复享受补贴。补贴标准以各地印发的具体文件为准。

二、文件依据

1.《山东省人力资源和社会保障厅 山东省财政厅关于印发〈山东省创业带动就业扶持资金管理办法〉的通知》（鲁人社规〔2021〕2 号）。

2.《山东省人民政府关于进一步稳定和扩大就业

的若干意见》（鲁政发〔2018〕30号）。

3.《山东省人民政府印发〈关于积极应对新冠肺炎疫情做好稳就业工作的若干措施〉的通知》（鲁政发〔2020〕5号）。

4.各地出台的创业带动就业扶持资金方面的文件。

三、办理要件

符合条件的小微企业向工商注册地人力资源和社会保障局提交补贴申请：提供营业执照原件及复印件、创业场所租赁合同、财务报表、未享受场地租赁费用减免证明（或未享受场地租赁费用减免承诺书）、租金发票等，毕业五年内高校毕业生还应提供毕业证书复印件。

四、经办风险点解析

1.未享受场地租赁费用减免的小微企业，可给予创业场所租赁补贴。

2.同一创业者注册多个创业实体的，不得重复享受补贴。

五、相关附表

《创业场所租赁补贴申领表》。

创业场所租赁补贴申领表

姓名		性别		民族		联系电话	
证件 类型		证件 号码					
小微企业 或个体工 商户名称					统一社会 信用代码		
经营 地址					注册（成 立）日期		
在所创办小微企业或 个体工商户缴纳职工 社会保险时间							
补贴 类别	□小微企业创业场所租赁 □个体工商户创业场所租赁				申请补贴 金额(元)		

小微企业或个体工商户开户行：　　　　　银行账号：

个 人 承 诺

　　本人郑重承诺：本人符合申领条件，填报和提交的所有信息均真实、准确、完整、有效，愿意承担不实承诺的相关责任，并退还补贴资金。

申请（承诺）人：（签章）

年　　月　　日

人力资源和社会保障部门审核意见

审核意见		补贴金额	
经办人（签章）： 　年　　月　　日	审核人（签章）： 　年　　月　　日		审核单位（签章）： 年　　月　　日

第二十二节　创业孵化示范基地（园区）运营补贴申领

一、业务概述

为充分发挥优秀创业示范平台的典型带动作用，引领创业示范平台发展跃上新台阶，设区的地级市人社部门对全市市级创业孵化示范基地（园区）实行年度绩效评估，对经年度绩效评估合格的市级创业孵化示范基地（园区），根据绩效评估和运营情况给予运营补贴。市级创业孵化示范基地（园区）运营补贴资金实行一次性拨付。运营补贴标准以各地出台的政策为准。

二、文件依据

1.《山东省人力资源和社会保障厅 山东省财政厅关于印发〈山东省创业带动就业扶持资金管理办法〉的通知》（鲁人社规〔2021〕2号）。

2.《山东省人民政府关于进一步稳定和扩大就业的若干意见》（鲁政发〔2018〕30号）。

3.《山东省人民政府印发〈关于积极应对新冠肺炎疫情做好稳就业工作的若干措施〉的通知》（鲁政发〔2020〕5号）。

4. 各地出台的市级创业孵化示范基地（园区）绩效评估及运营补贴拨付方面的文件。

三、办理要件

1. 基地（园区）年度绩效评估材料及自查报告。

2. 创业孵化示范基地（园区）运营补贴申请表。

四、经办风险点解析

市级创业孵化示范基地（园区）提报材料的真实性，包括基地（园区）基本情况、认定后的运营情况、奖补资金管理使用情况、入驻企业发展情况、政策落实情况、创业服务开展情况等。

五、相关附表

《××市市级创业孵化示范基地（园区）运营补贴申请表》。

××市市级创业孵化示范基地（园区）运营补贴申请表

平台名称			
认定类别		运营单位	
启用时间	____年____月	认定年份	
法定代表人（或负责人）		联系方式	
地址			
产权性质及归属		平台类型（请在对应□划√）	楼宇型 □ 厂房型 □ 街区型 □ 卖场型 □ 其他类型□
占地面积	_____m²	使用面积	_____m²
入驻率（基地填写）	_____%	累计创业和稳定吸纳就业人数	_____人
可容纳实体个数	_____个	现有实体数量	_____个
新增实体数量	_____家	累计入驻实体总数	_____家
孵化成功率（企业存活率）	_____%	创业和稳定吸纳就业5人以上新增实体数量	

到位奖补资金数额	＿＿＿＿＿万元	使用奖补资金截止时间	
申请单位银行基本账户		开户银行	
账号			

承诺：本单位提供的所有材料均属实，如有违法违规行为，愿意承担相关责任。（经办人手写，签名处按手印）

经办人：　　　　　　　　　　申请单位（盖章）
　　　　　　　　　　　　　　　　　年　　月　　日

县级人社部门审核意见	（盖章） 年　　月　　日

第二十三节　个人创业担保贷款申请

一、业务概述

创业担保贷款是一项扶持创业带动就业的政策性贷款，贷款资金用于借款人创业开办经费和经营所需资金。个人创业担保贷款的，政府按规定给予贴息。

二、文件依据

1.《山东省人力资源和社会保障厅　山东省财政厅　中国人民银行济南分行关于印发山东省创业担保贷款实施办法的通知》（鲁人社字〔2020〕27号）。

2.《山东省财政厅　山东省人力资源和社会保障厅　中国人民银行济南分行关于转发〈关于进一步加大创业担保贷款贴息力度全力支持重点群体创业就业的通知〉的通知》（鲁财金〔2020〕25号）。

三、办理要件

1. 申请人居民身份证。

2. 人员类别证明：复员转业退役军人提供《自主择业军转干部证》《转业证》或《退伍证》；刑满释

放人员提供《释放证明书》《假释证明书》或《刑满释放通知书》；高校毕业生及在校生提供《毕业证》或《学生证》；返乡创业农民工、农村自主创业农民提供户口本；网络商户提供网络平台实名注册截图；建档立卡贫困人口提供扶贫部门出具的精准识别卡；省职称申报评审系统无法查询的乡镇事业单位专业技术人员提供职称证书及所在单位的意见。

四、经办风险点解析

1.申请审核环节：不能为不符合贷款条件的人员发放创业担保贷款，防止产生争议。

2.贴息审核环节：经办银行对借款人员的信息应按规定及时录入山东省创业担保贷款资金管理系统，并按规定上报借款人放款凭证和还款凭证，否则容易造成无法享受贴息待遇，产生争议。

五、相关附表

《××市个人创业担保贷款申请审核表》。

××市个人创业担保贷款申请审核表

申请人姓名			性别		年龄		联系电话	
人员类别			社保卡账号					
身份证号					家庭住址			
配偶	姓名				身份证号			
	工作单位				联系电话			
申请贷款额					贷款期限			
经营项目					经营场所地址			
担保方式	担保类	保证人姓名		单位		配偶姓名		担保方式
	抵押类							
申请声明	本人属于＿＿＿＿＿＿＿＿（人员类别），现已创业并正常经营。本人提交创业担保贷款申请时，除助学贷款、扶贫贷款、住房贷款、购车贷款、5万元以下小额消费贷款（含信用卡消费）以外，本人及配偶均没有其他贷款。未与其他单位签订《劳动合同》或有事实的就业；创业担保贷款仅用于创业的开办经费和经营所需资金；放款后如果实现就业应主动提出取消贴息资金；创业担保贷款贷款到期保证按时足额偿还款后，按现行文件规定给予贴息。 　　本人承诺所有信息材料真实有效，如与实际情况不一致，愿承担相应责任。 申请人（签字）： 　　　　　　　　　　　　年　　　月　　　日

创业实体基本情况

实体性质	□个人	实体名称	
成立日期		统一社会 信用代码	
行业类型			
经营范围			
贷款申请用途			
经办银行 审核意见	经实地查看，申请人创业项目符合国家产业政策和法律法规的规定，有固定经营场所、正常生产经营、信用良好、申请材料真实有效。符合现行创业担保贷款政策。批准额度为＿＿万元，贷款期限＿＿月。如与实际情况不一致，我行愿承担相应责任。 　　　经办人： 　　　实地考察人： 　　　审批人： 　　　　　　　　年　　　月　　　日		
创业担保 贷款中心 审核意见	经审核，该申请人符合创业担保贷款申请条件。 　　　经办人： 　　　复核人： 　　　科室负责人： 　　　　　　　　年　　　月　　　日		

第二十四节　　小微企业创业担保贷款申请

一、业务概述

小微企业创业担保贷款是一项扶持创业带动就业的政策性贷款，贷款资金用于借款人创业开办经费和经营所需资金。

小微企业创业担保贷款最高可申请 300 万元，政府按规定给予贴息。

二、文件依据

1.《山东省人力资源和社会保障厅　山东省财政厅　中国人民银行济南分行关于印发山东省创业担保贷款实施办法的通知》（鲁人社字〔2020〕27 号）。

2.《山东省财政厅　山东省人力资源和社会保障厅　中国人民银行济南分行关于转发〈关于进一步加大创业担保贷款贴息力度全力支持重点群体创业就业的通知〉的通知》（鲁财金〔2020〕25 号）。

三、办理要件

1.法定代表人身份证。

2.企业职工花名册。

3.招用符合条件人员的人员类别证明，复员转业退役军人提供《自主择业军转干部证》《转业证》或《退伍证》，刑满释放人员提供《释放证明书》《假释证明书》或《刑满释放通知书》，高校毕业生提供《毕业证》，建档立卡贫困人口提供扶贫部门出具的精准识别卡。

4.企业财务报表。

四、经办风险点解析

1.申请审核环节：不能为不符合贷款条件的企业发放创业担保贷款，防止产生争议。

2.贴息审核环节：经办银行对借款人员的信息应按规定及时录入山东省创业担保贷款资金管理系统，并按规定上报借款人放款凭证和还款凭证，否则容易造成无法享受贴息待遇，产生争议。

五、相关附表

《××市小微企业创业担保贷款申请审核表》。

××市小微企业创业担保贷款申请审核表

法人姓名		身份号码			
单位名称		统一社会信用代码			
经营地址				所属街道	
经营范围					
贷款基本情况					
贷款金额（元）		贷款期限		担保方式	
企业在职职工人数		缴纳社会保险人数		吸纳符合条件人员数	是否小微企业
申请贷款用途	详细说明				
	申请人签名（签章）：　　　　　　　　年　　月　　日				
	担保方式				

申请声明	1.经营情况良好，具有还款能力，无不良信用记录。 2.企业、法定代表人和主要股东社会声誉好，无不良信用记录，无违法乱纪行为，无重大诉讼案件。 3.无拖欠职工工资欠缴社会保险费等严重违法违规信用记录。 本人承诺：提供材料真实有效，如与实际情况不一致，愿承担相应责任。 申请人（签字）：　　　　　（企业、法人盖章） 　　　　　　　　　　　　　　　年　　月　　日
经办银行意见	经实地查看，该小微企业经营情况良好，具有还款能力，无不良信用记录。申请材料真实有效，如与实际情况不一致，愿承担相应责任。按现行创业担保贷款有关政策，批准额度为＿＿万元，贷款期限＿＿月。 　　经办人： 　　实地考察人： 　　科室负责人： 　　　　　　　　　　　年　　月　　日
创业贷款担保科审核意见	经审核，该申请人符合创业担保贷款申请条件。 　　经办人： 　　复核人： 　　科室负责人： 　　　　　　　　　　　年　　月　　日
备注	

第七章　社会保险内部控制机制建设及违规领取社会保险处理

社会保险内部控制是指社会保险经办机构对本单位内部职能部门及其工作人员在从事社会保险管理服务工作时进行的规范、监控、评价和整改行为。各级社会保险经办机构应依据《中华人民共和国社会保险法》《社会保险经办条例》《人力资源社会保障部关于印发〈社会保险经办内部控制办法〉的通知》（人社部发〔2024〕36号）等法律法规及文件规定，建立和加强社会保险内部控制体系，建立严格、规范、全面、有效的内部控制机制，对社会保险经办机构进行全员、全过程、全体系内部控制管理监督，实现社会保险经办内部控制管理规范化、标准化、从而流程化、信息化，从而防范和化解风险，保障社会保险基金安全。

违规领取社会保险待遇，是指参保人或职工遗属按社会保险的规定办理领取养老、工伤和失业保险待遇后，在不具备或丧失待遇领取资格后，本人或他人继续违规领取或以其他形式骗取社会保险待遇的行为。

一、社会保险内部控制的基本原则

社会保险经办内部控制应坚持强化人防、制防、技防、群防等"四防"协同，遵循合法性、完整性、关键性、制衡性、有效性、适应性、连续性的原则：

1. 合法性。内部控制的各项内容，符合国家、省、市 有关社会保险法律、法规要求。

2. 完整性。内部控制的范围应覆盖所有内设职能部门、岗位和人员以及所有业务项目和操作环节。

3. 关键性。内部控制应在全面控制基础上，关注重要经办事项、重点经办环节和经办过程中的高风险点。

4. 制衡性。从组织机构的设置上确保各内设职能部门、 岗位和经办环节权责分明、相互制约，通过有效的制衡措施消 除内部控制中的盲点。

5. 有效性。要建立科学合理的内部控制机制、执行机制和监督机制，保障内部控制管理的有效执行。

6. 适应性。各项具体工作制度和流程都应与经办服务实际相结合，根据需要及时进行调整、修改和完善，以适应社会保险经办服务工作的变化。

7. 连续性。内部控制应当保持连续性，不因机构调整、人员更换而出现间断。

二、社会保险内部控制的主要方法

1. 授权批准控制。明确各内设职能部门、岗位及工作人员的权限和责任，确保在授权批准的范围内行使职权。

2. 不相容岗位分离控制。事先合理设定不相容岗位，再根据设定的岗位进行工作分工，明确职责界限，形成相互制衡。

3. 岗位轮换控制。建立岗位轮换制度，促进经办人员全面掌握经办业务，堵塞业务经办中的漏洞。

4. 印章管理控制。规范印章的刻制、使用、保管等程序，落实印章使用责任，确保印章的安全、有效、合理使用。

5. 业务流程控制。制定完善各业务环节相互制约和相互衔接的业务流程，实现下游环节对上游环节的业务办理情况的监督。

6. 预算控制。强化各项社会保险基金预算编制工作，严格控制无预算资金的使用。

7. 会计控制。严格落实岗位责任制，确保会计、出纳等业务符合社会保险基金财务制度、会计制度等规定要求。

8. 信息技术控制。充分运用信息技术手段，消除线下业务和手工操作，减少人为因素造成的差错和弊端。

9. 报告控制。对重大事项、数据重大变化和基金异常情况等，严格执行请示报告制度，必要时须经领导集体研究决定。

10. 保密控制。严格落实保密管理制度，积极开展保密自查工作，强化保密教育，确保数据信息安全。

社会保险经办机构应结合实际，科学合理地设置业务、基金财务、数据管理、档案管理、组织人事、内部控制等部门或不相容岗位，录入、审核、审批、计发、支付等岗位的职责应适度分离。

三、社会保险内部控制的体系建设

1. 社会保险经办机构应建立科学民主、公开透明的决策程序，重大事项必须经集体研究决定。

2. 社会保险经办机构应建立以内部控制领导小组为决策层，业务处理、基金财务、数据管理、档案管理、组织人事等部门为执行层，内部控制部门为组织和监督层的内部控制管理组织体系。社会保险经办内部控制领导小组应由社会保险经办机构主要负责人为组长，主要负责讨论和决定本单位经办的内部控制重大事项：

（1）负责建立和实施本单位社会保险经办内部控制体系。

（2）负责审议本单位开展内部控制监督检查和内部控制评价情况。

（3）负责其他需要讨论决定的社会保险经办机构内部控制重大事项。

3. 社会保险经办机构所属业务经办、基金财务、数据管理、档案管理、组织人事等部门具体承担本部门所有社会保险经办事项和执行经办环节的风险评估、内部控制、自查自纠、问题整改、内部控制评价等职责。

4. 社会保险经办机构内部控制职责科室承担社会保险经办内部控制的组织实施与监督检查职责。

（1）组织制定本单位社会保险经办内部控制制度。

（2）组织本单位内部控制执行部门开展风险评

估工作。

（3）开展本单位内部控制日常监督检查工作。

（4）开展本单位内部控制专项监督检查工作。

（5）组织本单位开展内部控制评价工作。

（6）配合审计、基金监督等部门开展监督检查工作，接受同级基金监督部门业务指导和监督。

四、社会保险内部风险评估

1.排查风险点。社会保险经办机构应根据社会保险经办管理服务的内外部环境，通过业务识别、流程识别、数据识别、检查识别等方式，对社会保险经办环节以及部门和岗位进行排查，识别风险点，列出风险清单。

2.定量定性分析。社会保险经办机构应根据风险发生的可能性和影响程度，采用定性评估、定量评估等方法对风险清单进行分析，结合本单位实际情况确定风险等级和风险评估周期，形成风险评估报告。风险评估报告经本单位内部控制领导小组审议通过后，向同级人力资源社会保障行政部门和上级社会保险经办机构报告。

3.定期开展评估。社会保险经办机构每年应至少开展一次风险评估。外部环境、业务活动、管理要求

等发生重大变化时应当进行重新评估。

4.评估结果应用。社会保险经办机构应根据风险评估结果，完善岗位权限控制、业务经办控制、基金财务控制、信息系统和数据应用控制等内部控制制度和措施。

第一节　岗位根据控制

一、业务概述

岗位根据控制是指社会保险经办机构根据社会保险经办特点和内部控制风险评估结论，结合本单位的部门设置、工作人员专业特长，设置相应岗位并明确岗位职责的行为。其基本要求是业务运行岗位、基金财务岗位、数据管理岗位、内部控制岗位的人员不得相互兼任；同一笔业务的初审、复核、审核人员不得相互兼任；同一险种（制度）的会计与出纳不得兼任。

二、文件依据

1.《社会保险经办条例》（中华人民共和国国务院令第 765 号）。

2.《人力资源社会保障部关于印发〈社会保险经办内部控制办法〉的通知》（人社部发〔2024〕36号）。

三、风险点管理目标

1. 社会保险经办机构各工作岗位职责授权，由主要领导组织实施，所有业务经办活动，都应纳入授权办理的范围内。授权形式分为常规性授权、临时性授权和综合性授权。一般性业务事项可由授权岗位人员全权操作，单项业务一人不能同时进行二级（含二级）以上业务权限的操作；需要审批的特殊业务事项应当按照审批程序授权操作。各岗位授权文件应存档备案。

2. 社会保险经办机构应建立定期轮岗制度，中层以上干部和经办高风险业务的人员在同一岗位任职时间原则上不得超过5年。负责核定缴费申报、审核领取社保待遇资格、核定支付或计发待遇、基金财务出纳、个人账户信息维护、稽核监督检查等工作岗位，原则上不使用外聘人员。

社会保险经办机构发现经办高风险业务的工作人员存在不良行为或不良嗜好的，应及时调整工作岗位，不得安排其经办高风险业务。

3. 社会保险经办机构应建立岗位权限管理台账，人员岗位变动时应及时调整权限，定期对退休、非在编、长期未登录人员的权限进行筛查、冻结、清理，岗位权限变更应留痕可查。

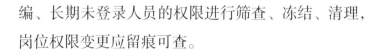

第二节　业务经办控制

一、业务概述

社会保险业务经办控制是指社会保险经办机构根据社会保险业务经办规程，将风险防控融入参保登记、个人账户管理、补缴办理、转移接续、待遇核定、待遇支付、资格认证、基金财务、数据管理、统计管理、档案管理等业务环节的操作流程，以此实行全过程风险管理，实现各业务环节相互独立、相互衔接、相互制约。

社会保险经办机构应根据业务风险等级，实行以风险控制为目标的分级审核制度。高风险业务原则上应实行初审、复核、审核三级审核管理。鼓励社会保险经办机构建立基于人工智能等新技术的创新审核模式。

二、文件依据

1.《社会保险经办条例》（中华人民共和国国务

院令第 765 号）。

2.《人力资源和社会保障部关于印发〈社会保险经办内部控制办法〉的通知》（人社部发〔2024〕36 号）。

三、风险点管理目标

1. 社会保险经办机构应在社会保险信息系统中实现业务办理全流程操作。社会保险信息系统应记录初审、复核、审核人员的姓名、操作时间、操作事项。

2. 明确经办机构领导审批层级和审批范围。

（1）分管领导审批的业务：各项社会保险基金支付、多征社保费退款、多付待遇扣回、社保基金转出，社保费补缴（含长期欠费企业补缴），修改已核定的缴费历史、视同缴费年限、姓名身份证号码等重要信息，待遇核定、工伤（康复）定点医疗机构签约、工伤预防培训和宣传签约等。

（2）主要领导审批的业务：每月社保基金的支出总额、待遇调整和个人账户记账利率调整等参数设置、通过后台修改业务系统数据、信息系统操作权限赋权等。

（3）领导集体决定的业务：待遇代发机构选定、定点工伤（康复）机构选定、大额基金分配（含工伤基金大额支出）、信息化项目建设、信息系统调整、异常情况处置、风险防控制度建设、因政策重大变化导致经办流程的调整、符合基金支出规定但无法通过社银直联方式拨付的事项等。

（4）以上未列明审批层级和审批范围的，由各业务部门根据上级有关规定，结合经办实际随时提交领导集体研究明确。

3.社会保险经办机构各业务部门应根据全省统一的社会保险经办规程，结合实际来规范业务操作；本着"谁办理、谁负责"的原则，各业务部门负责核验办事依据材料的真实、完整，同时按"高、中、低"三个层级确定业务事项风险等级。

4.社会保险经办机构工作人员在办理参保登记、个人账户管理、转移接续、待遇核定、待遇支付等业务时，应通过本地共享信息和全国社会保障卡持卡人员基础信息库、全国社会保险信息比对查询系统、业务协同平台等平台，对人员身份状态、生存状态、参保缴费情况、待遇领取状态等进行联网核验，判断是否存在不符合经办条件的情形。

5.社会保险经办机构在支付社会保险待遇时，应同步校验基本养老保险、工伤保险、失业保险待遇发放人员信息与基本养老保险退休审批、因病或非因工致残劳动能力鉴定、工伤认定、工伤职工劳动能力鉴定、失业保险待遇核定等人员信息。

6. 社会保险经办机构办理社会保险各项业务应严格审核相关报表、凭证等资料的真实性、完整性和有效性,同时加强部门间数据信息共享,对申请单位(人)所提交材料的真实性、合法性进行核验确认。

7. 社会保险经办机构对采用告知承诺办理的业务,原则上应通过事中信息比对等方式进行核验,暂无条件实现事中信息比对的,应事后进行核验。

8. 社会保险经办机构应向社会公开社会保险政策、经办服务事项、办理方式、业务经办流程、办理材料、办理时限等,接受社会监督。

9. 社会保险经办机构对政策执行过程中遇到的不明确事项,应集体研究处理;对于重大事项应书面请示人力资源社会保障行政部门,根据批复意见办理相关业务。

10. 社会保险经办机构应当建立健全社会保险业务档案管理制度,加强信息化建设,积极推动电子文件全流程电子化管理,确保档案信息真实、完整。在社会保险业务办理过程中,申请人提交的证照、材料或填写的表单等业务资料应当全部扫描。凡是需要跨层级审核的业务，佐证材料必须扫描并同步提交。业务经办过程中利用外部共享数据和电子证照作为业务凭证的，应同步固化并归入电子档案。推动实现档案业务一体化，将电子档案作为业务审核和稽核监管的重要资源。

11.社会保险经办收取、产生的业务资料，应当按照档案管理规定及时留存、归档、立卷、保管。档案管理人员应当严格执行档案管理制度，确保纸质档案和电子档案的保管、保密、利用、鉴定、销毁及档案管理硬件设置符合规定。

12.办理社会保险登记（包括变更、注销登记）、人员增减、关系转移等业务内部控制的重点：

（1）用人单位提交证明资料的真实性、银行账户等信息的准确性。

（2）用人单位注销登记时是否存在欠费行为。

（3)用人单位是否瞒报漏报缴费人数、缴费基数。

（4）参保人是否符合转入接收条件，转入基金与信息表数据是否匹配。

13.社会保险费（含职业年金）征缴业务内部控制的重点：

（1）征缴采用的数据是否为社会保险信息系统

自动生成，有无手工填写数据行为。

（2）社会保险（含职业年金）缴费基数调整情况。

（3）社会保险费补缴核定的单位或个人补缴时段、基数、费率等是否符合政策规定，审批办理过程是否手续完整；是否有按规定加收滞纳金、利息的情况。

（4）凡是参加省级和市级以上统筹的险种（含职业年金），应设置合理的业务流程和对账程序，确保基金按时足额归集。

（5）业务部门要加强与税务部门的对账，确保每月业务系统中的收入确认数据与税务部门提供的收入明细数据一致。

14. 个人账户记录管理内部控制的重点：

（1）办理个人账户信息修改业务时申请人提供材料的真实性，信息修改录入的准确性。

（2）办理个人账户异动业务时申请人提交材料是否真实、齐全、完整，减员时有无欠费，录入异动信息是否准确。

（3）办理个人账户合并业务时需合并的个人账户基本信息是否一致，是否属于同一参保人员。

（4）办理个人账户记账业务是否为信息系统自动

操作。

（5）缴费单位、个人社会保险费历年缴费记录的维护。

15.基本养老保险（含职业年金）待遇核定应严格按照业务流程规定程序进行核实和审批，内部控制的重点：

（1）享受基本养老保险（含职业年金）待遇人员的资料、档案审核程序与具体业务操作是否存在牵制关系。

（2）办理待遇核定、调整业务依据的政策参数、参保人员基本信息是否准确。

（3）办理待遇变更业务依据的变更理由是否充分、证明材料是否真实。

16.失业保险待遇核定内部控制的重点：

（1）享受失业保险待遇人员的资料、档案审核程序与具体业务操作是否存在牵制关系。

（2）失业保险待遇资格认定是否符合条件，职工缴纳失业保险费月数与失业保险待遇享受期限是否相匹配，失业保险待遇发放期间领取待遇条件是否发生变化。

（3）失业保险待遇范围之外的各项支出，须符合相关规定。

17.工伤保险待遇核定内部控制的重点：

（1）享受工伤保险待遇人员的依据材料审核程序与具体业务操作是否存在牵制关系。

（2）工伤待遇核定业务中，参保人申报的证明材料、工伤认定结论、劳动能力鉴定结论、工伤治疗项目、费用等数据信息是否真实、准确。

（3）协议医疗机构(含康复和配置器具协议机构)是否认真履行协议。

第三节　社会保险基金财务控制

一、业务概述

社会保险基金财务控制是指社会保险经办机构的财务部门根据相关会计法律、法规的规定，科学地编制年度社会保险基金收支预算（其中，收入预算由社会保险经办机构会同税务部门编制），加强预算执行及根据上级规定对基金预算进行调整以及建立并执行符合内部控制要求的基金财务管理制度，严格社会保险基金支出程序和管理权限，加强基金财务管理的行为。

二、文件依据

1.《中华人民共和国预算法》（中华人民共和国主席令第 12 号）及其实施条例。

2.《社会保险基金财务制度》（财社〔2017〕144 号）。

3.《社会保险基金会计制度》（财会〔2017〕28 号）。

4.《中国人民银行关于对养老保险基金活期存款实行优惠利率的通知》（银发〔1997〕567 号）。

5.《山东省居民基本养老保险经办规程》（鲁人社字〔2023〕136 号）。

6.《山东省被征地农民参加居民基本养老保险办法的通知》（鲁人社规〔2023〕3 号）。

7. 山东省人力资源和社会保障厅　山东省财政厅《关于加强被征地农民养老保障等资金管理工作的通知》（鲁人社字〔2022〕7 号）。

8.《社会保险经办内部控制办法》（人社部发〔2024〕36 号）。

9.《山东省人力资源和社会保障厅　山东省财政厅　中国人民银行济南分行关于印发〈山东省创业担

保贷款实施办法〉的通知》（鲁人社字〔2020〕27号）。

10.《山东省财政厅　山东省人力资源和社会保障厅　中国人民银行济南分行关于转发〈关于进一步加大创业担保贷款贴息力度全力支持重点群体创业就业的通知〉的通知》（鲁财金〔2020〕25号）。

11.《山东省企业职工基本养老保险费退费经办规程（试行）》（鲁人社字〔2022〕31号）。

12.《山东省人力资源和社会保障厅等7部门关于印发〈山东省失业保险基金省级统收统支归集管理办法〉和〈山东省失业保险基金省级统收统支预算管理办法〉的通知》（鲁人社发〔2022〕24号）。

13. 山东省人力资源和社会保障厅继续执行〈关于重新印发山东省工伤保险辅助器具配置目录和费用限额标准的通知〉文件的通知（鲁人社字〔2022〕137号）。

14. 国家、省出台和制定的其他与社会保险基金管理相关的文件等。

三、风险点管理目标

1. 社会保险经办机构的财务管理应严格执行与社会保险相关的法律法规和制度规定，应当依法进行基金财务管理和核算，建立票据和印鉴管理制度、财务工作交接管理制度、财务会计报告制度、会计档案管理制度、责任分离制度、财务核对制度、财务收支审批制度等各项管理制度，对财务处理实施全过程监督。

2. 实行社会保险基金"收支两条线"管理，专款专用。各项基金按险种分别建账、分账核算，分别计息、专款专用。基金之间不得相互挤占、调剂和挪用，不得违规投资运营，不得用于平衡一般公共预算。代发资金不得纳入到社会保险基金账套核算，不得挤占挪用社会保险基金。社会保险基金财务核算和收支与社会保险机构经费会计要严格区分，分账核算，不得相互挤占、调剂和挪用。

3. 社会保险经办机构应建立合理的责任分离制度。基金出纳与账务处理相分离；重要空白凭证、印鉴的保管与使用相分离；基金收支的审批与具体业务办理相分离；社保基金支付与审核相分离；信息数据业务办理与会计处理相分离。财务收支审批实行分级授权，制单和审核不得兼任，出纳不得兼任会计档案保管以及收入、支出、费用、债权债务账目的登记工作。建立分工明确的岗位责任制。基金财务科室设置科室负责人（会计主管）、电算化管理、会计、出纳、报表编制、档案管理等岗位，相关人员相互制约和监督，严格按授权职责办理业务。各岗位工作人员对个人业务操作密码、保险柜密码负有保密责任，不得由一人全过程办理基金业务。

4.社会保险经办机构应建立票据和印鉴保管管理制度。票据的购买、保管、领用、背书转让、缴回等环节严格按职责权限和程序执行。专人保管票据并专设票据登记簿对票据的购入、领用、交回和库存进行记录，杜绝空白票据遗失和被盗用。基金财务专用章应由专人保管，个人名章由本人或其授权人员保管。严禁一人保管支付款项所需的全部印鉴。空白支票和支付所需的印鉴分人管理。按照规定需要有关负责人签字或盖章的基金收支业务，必须严格履行签字或盖章手续。

对于电子票据，社会保险经办机构要指定票据专管员，明确票据理员的职责，做好票据的申领、分发、退回。票据专管员由基金管理部门指定专人担任，负责电子票据的申领、入库与分发，并定期向财政部门上报电子票据使用情况。基金征收部门应指定专人负责电子票据的领用、入库。

5.社会保险经办机构应加强资产负债管理，及时清理社会保险基金暂收款、暂付款，定期清查债权债务以及各类基金风险项目，依法依规、积极稳妥地予以清理整改。

6. 社会保险经办机构办理社会保险基金支出业务时，应明确支出款项的用途、金额、支付方式等，并附原始单据或相关证明。

社会保险经办机构应履行严格的审核程序，重点审核基金支出的用途、规模、增减变动、收款对象、审批流程，对极值、均值等指标进行多期比较。

7. 社会保险经办机构应通过社银发放平台或接口传输数据，实现各类待遇和转移资金的拨付，严禁采用手工报盘或通过网银功能进行上述操作。待遇原则上应通过参保人员社会保障卡银行账户发放。

8. 社会保险经办机构应加强社会保险基金银行账户管理，与开户银行签订社会保险基金账户服务协议。协议中至少应具备以下内容：

（1）约定双方权利义务。

（2）明确协议有效时间。

（3）明确银行违约责任。

（4）在待遇发放时，应做到：第一，对待遇领取人员的银行账号、户名、证件号码等内容进行一致性校验。第二，对社保卡银行账户状态进行核验。第三，对大额发放、网银对私转账等情况进行预警提醒或二次确认，对支出户变动进行短信提醒或通过系统接口实时提醒，未通过校验、核验、确认的不得发放待遇。

（5）社会保险基金收入户、支出户、财政专户活期存款，按中国人民银行的规定，执行优惠存款利率；对社保基金历年结余资金，可与开户银行约定按大额存单协议利率计息。

9.社会保险经办机构应建立定期对账制度，基金财务部门应指定专人定期、及时对账，做到账证、账账、账表、账实相符。对账要签字、印章齐全，留档备查。社会保险经办机构应通过社会保险信息系统自动核对财务记账数据和业务记录数据，数据不符的应及时查明原因；应与财政部门、税务部门定期对账；应与协议银行做好社会保险基金银行存款余额和收支明细数据的对账工作，每月对账并编制《银行存款余额调节表》。

10.社会保险经办机构应建立会计档案管理制度，对于需要存档的纸质资料，应保证经办、复核、审核、审批等人员的签名齐全，按规定加盖公章，及时归档、立卷、保管。对于需要存档的电子档案，应采取可靠的安全防护技术和措施，保证会计档案的真实、完整、可用、安全，本年度结束时交档案管理科室统一保管。

11. 社会保险经办机构会计人员轮岗或调离时，须严格履行交接手续。监交人一般为基金财务部门负责人。监交人对顺利交接工作负责。移交人员必须将本人所经管的会计工作及相关数据、资料全部移交给接替人员。没有办清交接手续的，不得调动或离职。工作交接应填写工作移交清册。接替人员按移交清册逐项核对点收。工作移交清册应由监交人、移交人、接替人签字并存档。科室负责人（会计主管）轮岗或调离时应由分管负责人及相关人员监督履行交接备档手续。

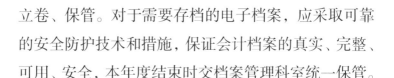

第四节　信息系统和数据应用控制

一、业务概述

社会保险经办机构应加强信息系统控制，减少操作过程中的人为因素，将所有办理事项、办理环节、材料归档纳入社会保险信息管理，全流程进系统、全规则入系统、全数据存系统，实现与人力资源社会保障行政部门审批数据实时传递，做到全闭环规范管理。

二、文件依据

《社会保险经办内部控制办法》（人社部发〔2024〕36号）。

三、风险点管理目标

1.社会保险经办机构工作人员应全面使用电子社保卡扫码登录等实名制途径登录社会保险信息系统，操作人员对其操作行为终身负责。

2.社会保险经办机构应通过信息系统风控预警功能加强对关键业务环节的事中管控，针对高风险业务、高风险现象、高风险行为，合理设置风控预警规则，明确金额、频次、时段等阈值，并进行待遇支付与身份资质核验，依据风险程序采取预警提示、阻断业务等防控措施。

3.社会保险经办机构应加强事后核查，建立健全与业务经办联动、权限独立的风控模块或系统，完善数据比对筛查规则库，支持核查人员通过设置条件自主开展业务抽查，调阅查询相关经办审核流程、业务资料、明细数据、操作日志，支持核查人员开展全方位、

多维度数据筛查比对。

社会保险经办机构对于发现的疑点问题的线索，应当逐一进行核查和原因分析，建立问题清单和工作台账，做好整改工作。

4. 社会保险经办机构应定期评估系统风险管控和数据核查成效，动态优化调整事中管控规划和事后数据核查规则。

5. 社会保险经办机构应全面实现业务财务一体化，通过系统审核待遇拨付计划、确认实收实收、核查处理未发放成功的业务，实现待遇发放总额和准确数据的自动核对，财务记账凭证与业务批次逐笔对应。

6. 社会保险经办机构应严格遵守社会保险数据安全相关法律法规，规范数据录入、修改、传输、查询、使用、披露、保密、维护的权限管理制度，明确数据操作所依据的有效凭证和必须履行的审批手续。严控数据删除、批量导出、开库维护等操作。数据应用应符合数据安全和个人信息保护的要求。

7. 社会保险经办机构应建立有效的信息交流反馈制度，对业务数据等信息的管理、交流和反馈做出明确规定，确保内部控制工作能够及时了解各项业务的办理情况和综合数据。

8.社会保险经办机构应建立和落实信息系统安全管理制度。业务经办专网必须与互联网实施物理隔离，防止通过网络篡改业务系统数据行为。依法依规对社保信息系统进行安全等级备案和定期测评，确保网络安全。

9.社会保险经办机构应建立和落实岗位权限管理制度，对社会保险信息系统操作权限进行赋权管理。

10.社会保险经办机构应将社会保险信息系统建设纳入全市人力资源社会保障信息化建设规划，其调整变动等情况应当报同级人力资源社会保障行政部门审核批准。

11.社会保险经办机构应严格落实应用系统安全管理岗位设置，健全系统管理员、安全员、操作员"三员"分立管理机制，以及各自权限管理和协同配合的工作制度。系统管理员和安全员由正式在编人员担任。严禁一人兼任两个及以上岗位。

第五节　内部控制监督管理

一、业务概述

社会保险经办机构应建立上下贯通、内外协同、覆盖全面的内部控制制度执行情况监督检查评价体系。加强对单位内部职能科室、基层服务机构、合作银行等受委托开展社会保险业务机构的监督检查。

社会保险经办机构应当设立内部控制部门，履行内部控制的管理与监督职能。内部控制人员应具备相应的专业技术资格和专业工作能力，内部控制部门工作人员应保持工作的独立性和客观性。

二、文件依据

1.《中华人民共和国社会保险法》（中华人民共和国主席令第 35 号）及实施细则。

2.《社会保险经办内部控制办法》（人社部发〔2024〕36 号）。

3. 上级制定的其他各项规章制度。

三、风险点管理目标

1.社会保险经办机构内部控制部门应依照国家有关社会保险法律、法规及政策性文件，制定年度内部控制日常检查及专项检查计划，明确检查范围、检查方式和检查重点，报本单位内部控制领导小组批准后，报送同级人力资源和社会保障行政部门与上级社会保险经办机构。

2.建立内部控制检查监督检查制度。内部控制检查监督检查的形式可采取日常检查、专项检查等。

日常检查是根据年度工作计划，随机按比例抽取检查对象，按照内部控制制度要求，对业务经办情况进行检查。

专项检查是受上级部门或经办机构主要负责人的安排，对内部控制运行的重点和薄弱环节有针对性地进行检查。

开展监督检查主要是采取现场检查和非现场检查方式进行。

3.社会保险经办机构内部控制监督检查可运用个别访谈、询问、查问资料和业务测试、抽样统计、逻辑校验、数据分析、系统监控等方法，与检查事项有关的问题可延伸调查。内部控制检查应充分利用信息

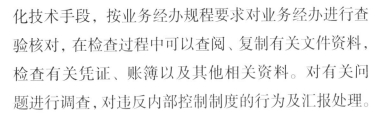

化技术手段，按业务经办规程要求对业务经办进行查验核对，在检查过程中可以查阅、复制有关文件资料，检查有关凭证、账簿以及其他相关资料。对有关问题进行调查，对违反内部控制制度的行为及汇报处理。

4. 社会保险经办机构在内部控制检查中应编制工作底稿，获取的佐证材料，应注明来源和获取时间，要求内控工作人员和被监督检查部门负责人签字或盖章确认，对拒绝签字和盖章的，检查人员应注明原因。

5. 社会保险经办机构应根据检查情况，对监督检查对象内部控制情况进行评价，形成检查结果，报本单位内部控制领导小组同意后，反馈检查监督对象，提出整改要求。

6. 社会保险经办机构应采用数据校验、实地核验等方式对问题整改情况进行复查，对整改不力的进行约谈、通报。

7. 社会保险经办机构发现涉嫌欺诈骗保、套保、挪用贪占社保基金的，调查核实后，依规向同级人力资源社会保障行政部门报告。

8. 社会保险经办机构应根据内部控制监督检查情况，按年度对本单位内部控制的健全性、有效性进行评价，编制内部控制评价报告，重点是内控制度建设存在的问题和典型案例等，报同级人力资源社会保障行政部门和上级社会保险经办机构。

9.社会保险经办机构应严格执行社会保险经办要情报告制度。

第六节　违规领取社会保险处理

一、业务概述

违规领取社会保险待遇是指养老、工伤和失业保险待遇领取人不具备或丧失待遇领取资格后，本人或他人（以下统称"当事人"）继续违规领取或以其他形式骗取社会保险待遇的行为。

社会保险经办机构有依法对违规领取的社会保险待遇予以追回的职责。属于重复领取养老保险待遇的，按照《人力资源社会保障部办公厅关于做好重复领取养老保险待遇问题的处理工作的通知》（人社厅发〔2021〕77号）以及《山东省人力资源和社会保障厅山东省财政厅关于印发〈规范养老保险待遇领取有关问题的处理意见〉的通知》（鲁人社规〔2022〕5号）执行。

二、文件依据

1.《中华人民共和国社会保险法》（中华人民共和国主席令第 35 号）。

2.《社会保险经办条例》（中华人民共和国国务院令第 765 号）。

3.《人力资源社会保障部公安部关于加强社会保险欺诈案件查处和移送工作的通知》（人社部发〔2015〕14 号）。

4.《社会保险基金行政监督办法》（人力资源社会保障部令第 48 号）。

5.《社会保险稽核办法》（中华人民共和国劳动和社会保障部令第 16 号）。

6.《山东省人力资源和社会保障厅关于印发〈山东省追回违规领取社会保险待遇暂行办法〉的通知》（鲁人社发〔2023〕13 号）。

三、确认违规事实

社会保险经办机构应通过数据稽核、异地协查、举报、审计部门审计以及其他部门反馈等方式获取疑似多领、冒领、重复领取、套取等违法违规领取待遇的问题数据。经核实并确认违规领取社会保险待遇的，社会保险经办机构停止（或暂停）发放待遇，确定当事人违规领取社保待遇的时限，核算违规领取的金额，启动追回违规领取待遇程序。下述情形属于依法追缴的范围：

1. 领取养老、工伤和失业保险待遇人员死亡后，应自死亡或法院宣布死亡的次月起停发社会保险待遇。因未及时申报，导致冒领社会保险待遇的，多领取的社会保险待遇，应依法依规予以追回。

2. 领取社会保险待遇人员受到刑事处理服刑的，服刑期间暂停待遇发放。服刑期间领取的社会保险待遇，应依法依规予以追回。

3. 每个参保人员只能领取一种基本养老保险待遇，不能同时领取企业职工基本养老保险、机关事业单位基本养老保险和城乡居民基本养老保险中任意两种以上（含两种）待遇。重复领取养老保险待遇的，除依法保留的养老保险待遇外，领取的其他养老保险待遇，应依法依规予以追回。

4. 对同时符合领取基本养老保险待遇（城乡居民基本养老保险待遇除外）和伤残津贴的，按规定只领取养老保险待遇，不得双重领取。如伤残津贴标准高于养老保险待遇的，社会保险经办机构依法依规通过工伤保险基金按工伤保险伤残津贴标准补足。

5. 领取基本养老保险待遇（城乡居民基本养老保险待遇除外）人员不得再领取失业保险、工伤保险供养亲属抚恤金，已领取的应依法依规予以追回。

6. 失业人员在重新就业、服兵役和移居境外后不得再领取失业保险，已领取的应依法依规予以追回。

7. 社会保险经办机构通过各种途径得到以欺诈、伪造证明材料或者其他手段骗取养老、工伤、失业等社会保险待遇线索经过查实的，骗取的养老、工伤、失业保险待遇，应依法依规予以追回。

8. 法律法规规定的其他丧失领取社会保险待遇资格后，仍继续领取的情形。

四、依法追缴违规领取的待遇

违规领取社会保险待遇的处理，包括暂停待遇发放、清理社保关系、追缴违规资金、申请强制执行等。人力资源和社会保障行政部门及社会保险经办机构严格遵循"先停、再查、后追"的原则，根据不同情况实施相应追缴程序。

1. 对于领取待遇人员死亡后未及时申报导致冒领社会保险待遇的，冒领的养老、工伤、失业保险待遇，由社会保险经办机构负责，及时停止其待遇发放，并追回多领的养老、工伤、失业保险待遇。

2.对于领取社会保险待遇人员服刑期间领取社会保险待遇的，领取的养老、工伤、失业保险待遇，由社会保险经办机构负责停止其待遇发放并通知本人（家属），并追回多发放的养老待遇。

3.对于参保人员同时领取企业职工基本养老保险、机关事业单位基本养老保险和城乡居民基本养老保险中任意两种以上（含两种）待遇的，按以下原则办理：

（1）制度内重复领取企业职工或机关事业单位养老保险待遇及跨制度重复领取企业职工和机关事业单位养老保险待遇的，由月实发金额低的社会保险经办机构作为告知地。核实存在重复领取职工养老保险待遇的，社会保险经办机构及时停止其待遇发放，并与本人或重复领取待遇人沟通保留一种（一地）待遇。若保留本地养老保险待遇，则在取得异地终止待遇发放证明后，再恢复本地待遇发放；若保留异地养老保险待遇，则本地社会保险经办机构终止待遇发放并采取措施追回重复领取的保险待遇。

（2）同时领取企业职工基本养老保险待遇和城乡居民基本养老保险待遇，或同时领取机关事业单位养老保险待遇和城乡居民基本养老保险待遇的，保留其企业职工基本养老保险待遇或机关事业单位养老保险待遇，清退其城乡居民基本养老保险待遇。发放城乡居民养老待遇的社会保险经办机构负责清退其城乡居民基本养老保险待遇。

（3）重复领取城乡居民基本养老保险待遇的（即在不同地区同时领取居民基本养老保险待遇），保留其首次领取地的城乡居民基本养老保险关系，清退非首次领取地养老保险关系。非首次领取地为待遇清退地，由待遇清退地社会保险经办机构作为告知地。

4. 对于同时符合领取基本养老保险待遇（城乡居民基本养老保险待遇除外）和伤残津贴，造成重复领取待遇的处理原则：

（1）若在本地社会保险经办机构领取工伤待遇，在异地领取基本养老保险待遇，则由本地社会保险经办机构负责核实其伤残津贴标准，若伤残津贴标准高于养老保险待遇的，按工伤保险伤残津贴标准补足发放养老保险待遇后的差额部分。

（2）若同时在本地领取工伤待遇和基本养老保险待遇，则由本地社会保险经办机构按规定追回多领取的伤残津贴。

（3）若在本地领取基本养老保险待遇，在异地领取工伤保险待遇，则由本地社会保险经办机构负责通知异地市社会保险经办机构，追回多领取的伤残津贴。

5. 对于领取职工基本养老保险待遇（城乡居民基本养老保险待遇除外）人员同时领取工伤保险供养亲属抚恤金的，由社会保险经办机构计算并追回工伤保险供养亲属抚恤金。

6. 对于待遇领取人以欺诈、伪造证明材料或者其他手段骗取养老、工伤、失业保险待遇的，确定事实后，由社会保险经办机构负责及时停止其待遇发放。其中：以欺诈、伪造证明材料、虚构劳动关系、瞒报实际年龄或者其他手段获得退休审批、工伤认定、遗属待遇审批等，骗取养老、工伤保险待遇的，报请社会保险行政主管机关，撤销退休审批、遗属待遇审批、工伤认定结论，再由社会保险经办机构负责，通知待遇领取人本人（或家属），追回违规领取的养老、工伤、失业保险待遇。

7. 失业人员在重新就业、服兵役和移居境外后领取的失业保险金，由社会保险经办机构负责通知当事人并将领取的失业保险金予以追回。

五、追缴违规领取待遇的处理原则

1. 经核查，确实存在违规领取社会保险待遇需要追缴的，社会保险经办机构负责追缴部门或科室应在查实后 30 日内完成追缴工作。30 日内未能完成追缴，应将相关情况及时向行政主管部门汇报，视情况决定是否延期或移交。

2. 发现当事人发生违规领取社会保险待遇后，社会保险经办机构有应返还当事人的个人缴费或应发放的一次性待遇的，市社会保险经办机构从应返还的个人缴费或应发放的一次性待遇中抵扣，并履行告知义务。无法抵扣或不足以抵扣的，市社会保险经办机构根据委托金融机构发放协议，提请金融机构将多发的待遇原渠道退回，并履行告知义务。无法抵扣或不足以抵扣，也无法原渠道退回的，市社会保险经办机构应当联系当事人或当事在所在单位，阐明利害关系和不利法律后果，劝导其主动退还。

3. 当事人一次性退回确有困难的，市社会保险经办机构可与其签订分期退还协议，也可签订社会保险待遇抵扣协议，从应发放的定期待遇中按月抵扣，月抵扣标准按照鲁人社〔2022〕5 号执行。